who?

글 오영석

어린이들이 재미있고 신나게 읽을 수 있는 책을 쓰기 위해 노력하는 작가입니다. 나와 똑같이 고민하고, 실패했던 위인들의 이야기를 통해 독자들도 '할 수 있다'는 마음을 가지길 바랍니다. 작품으로 《세계사 한국사》, 《과학 교과 주제 탐구Q. 몸》, 《걸어서 세계 속으로 2. 일본》 등이 있습니다.

그림 크레파스

어린이들을 위해 새롭고, 재미있고, 즐거운 이야깃거리를 만드는 만화 창작 집단입니다.
세상을 바꾼 인물들의 삶을 통해 어린이들이 희망찬 미래를 만들어가길 바랍니다.
작품으로 《지식 똑똑 경제 리더십 탐구─긍정의 힘》, 《Why? 서양 근대 사회의 시작》,
《Why? 세계대전과 전후의 세계》 등이 있습니다.

감수 경기초등사회과연구회
진로 탐색 감수 이랑(한국고용정보원 전임연구원)
추천 송인섭(숙명 여자 대학교 명예 교수)

워런 버핏

개정판 1쇄 인쇄 2024년 11월 15일
개정판 1쇄 발행 2025년 1월 1일

글 오영석 그림 크레파스

펴낸이 김선식
펴낸곳 다산북스

부사장 김은영
어린이사업부총괄이사 이유남
책임편집 박세미 **디자인** 김은지 **책임마케터** 김희연
어린이콘텐츠사업1팀장 박정민 **어린이콘텐츠사업1팀** 김은지 박세미 강푸른
마케팅본부장 권장규 **마케팅3팀** 최민용 안호성 박상준 김희연
편집관리팀 조세현 김호주 백설희 **저작권팀** 이슬 윤제희 **제휴홍보팀** 류승은 문윤정 이예주
재무관리팀 하미선 김재경 임혜정 이슬기 김주영 오지수
인사총무팀 강미숙 이정환 김혜진 황종원
제작관리팀 이소현 김소영 김진경 최완규 이지우 박예찬
물류관리팀 김형기 김선민 주정훈 김선진 한유현 전태연 양문현 이민운

출판등록 2005년 12월 23일 제313-2005-00277호
주소 경기도 파주시 회동길 490
전화 02-704-1724 **팩스** 02-703-2219
다산어린이 카페 cafe.naver.com/dasankids **다산어린이 블로그** blog.naver.com/stdasan
종이 신승INC **인쇄** 북토리 **코팅 및 후가공** 평창피앤지 **제본** 대원바인더리

ISBN 979-11-306-5802-5 14990

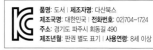

품명: 도서 | **제조자명**: 다산북스
제조국명: 대한민국 | **전화번호**: 02)704-1724
주소: 경기도 파주시 회동길 490
제조년월: 판권 별도 표기 | **사용연령**: 8세 이상
※ KC마크는 이 제품이 공통안전기준에 적합하였음을 의미합니다.

워런 버핏

Warren Buffett

다산
어린이

자신만의 멘토를 만날 수 있는
who?시리즈

다산어린이의 〈who?〉 시리즈는 어린이들은 물론 어른들에게도 재미와
감동을 주는 교양 만화입니다. 〈who?〉 시리즈는 전 세계 인류에 영향력을
끼친 인물들로 구성되었으며 인물들의 삶과 사상을 객관적으로 전해
줍니다.

이처럼 다양한 나라와 분야에서 활약한 위인들의 이야기를 통해 과학,
예술, 정치, 사상에 관한 정보는 물론이고, 나라별 문화와 역사까지 배우게
될 것입니다. 〈who?〉 시리즈의 가장 큰 장점은 위인들이 그들의 삶에서
겪은 기쁨과 슬픔, 좌절과 시련, 감동을 어린이들이 함께 느낄 수 있다는
것입니다. 어린이들은 이 책을 읽으면서 폭넓은 감수성을 함양하게 됩니다.

〈who?〉 시리즈의 어린이 독자들이 책 속의 위인들을 통해 자신만의
멘토를 만나 미래의 세계적인 리더로 성장하기를 진심으로 응원합니다.

존 덩컨 미국 UCLA 동아시아학부 교수

존 덩컨(John B. Duncan) 교수는 한국학 분야의 세계적인 석학으로
미국 UCLA 한국학 연구소 소장 및 동 대학의 동아시아학부 교수를
겸직하고 있습니다. 하버드 대학교 교환 교수와 고려 대학교 해외
교육 프로그램 연구센터장을 역임했으며, 주요 저서로는
《조선 왕조의 기원》, 《조선 왕조의 시민 행정의 제도적 기초》 등이
있습니다.

세상을 더 나은 곳으로 만든 사람들의 이야기

어린이들은 자라면서 수많은 궁금증을 가지게 됩니다. 그중에서도 "저 사람은 누굴까?"라는 질문은 종종 아이들의 머릿속을 온통 지배해 버리기도 합니다. 다산어린이에서 출간된 〈who?〉 시리즈는 그런 궁금증을 해결해 주기 위해 지구촌 다양한 분야의 리더들을 소개하고 있습니다.

〈who?〉 시리즈에 등장하는 인물들은 인종과 성별을 넘어 세상을 더 나은 곳으로 만든 사람들입니다. 어린이들은 이 책에서 디지털 아이콘으로 불리는 스티브 잡스는 물론 니콜라 테슬라와 같은 천재 발명가를 만날 수 있습니다.

책 속 주인공들의 어린 시절 이야기를 통해 기쁨과 슬픔, 도전과 성취감을 함께 맛보고, 그들과 함께 성장하면서 스스로 창조적이고 인류에 도움이 되는 사람이 되겠다는 포부와 자신감을 갖게 될 것입니다.

〈who?〉 시리즈 속에서 다채롭고 생동감 넘치는 위인들의 이야기를 만나 보세요.

에드워드 슐츠 하와이 주립 대학교 언어학부 교수

에드워드 슐츠(Edward J. Shultz) 하와이 주립 대학교 언어학부 교수는 동 대학의 한국학센터 한국학 편집장을 역임한 세계적인 석학입니다. 평화봉사단 활동의 하나로 한국에서 영어 교사로 근무한 경험이 있으며, 현재 한국과 미국, 일본을 오가며 활발한 활동을 펼치고 있습니다. 저서로는 《중세 한국의 학자와 군사령관》, 《김부식과 삼국사기》 등이 있고, 한국 중세사와 정치에 대한 다수의 기고문을 출간했습니다.

미래 설계의 힘을 얻는 길이
여기에 있습니다

어린이가 성장하는 시기에는 스스로 미래를 설계하며 다양한 책을
접하는 경험이 필요합니다.

어린 시절 만난 한 권의 책이 인생에 미치는 영향이 얼마나 큰지는
꿈을 이룬 사람들의 말을 통해서 알 수 있습니다. 빌 게이츠는 오늘날
자신을 만든 것은 동네의 작은 도서관이었다고 말하고, 오프라 윈프리는
어린 시절 유일한 친구는 책이었음을 고백하며 독서의 중요성에 대해
이야기합니다.

꿈을 이룬 사람들의 공통점은 또 있습니다. 그들에게는 어린 시절,
마음속에 품은 롤 모델이 있었습니다. 여러분의 롤 모델은 누구인가요?
〈who?〉 시리즈에서는 현재 우리 어린이들이 가장 닮고 싶어하는 롤
모델을 만날 수 있습니다. 버락 오바마, 빌 게이츠, 조앤 롤링, 스티브
잡스 등 세상을 바꾼 사람들의 감동적인 이야기를 담은 〈who?〉 시리즈는
어린이들이 구체적인 목표를 설정하고 희망찬 비전을 세울 수 있도록
도와줄 친구이면서 안내자입니다. 〈who?〉 시리즈를 통하여 자신의 인생
모델을 찾고 미래 설계의 힘을 얻을 수 있습니다.

송인섭 숙명 여자 대학교 명예 교수

숙명 여자 대학교 명예 교수이자 한국영재교육학회 회장으로
자기주도학습 분야의 최고 권위자입니다. 한국교육심리연구회
회장, 한국교육평가학회장, 한국영재연구원 원장을 역임했습니다.
자기주도학습과 영재 교육의 이론을 실제 교육 현장에 적용하기 위해
노력하고 있습니다.

평생을 이끌어 줄
최고의 멘토를 만날 수 있는 책

　　10대에 가장 중요한 것은 무엇일까요? 학과 공부와 입시일까요? 우리나라 최초의 국제회의 통역사로 30년 동안 활동하면서 글로벌 리더들을 만날 기회가 수없이 많았던 저는 대한민국의 초등학생들에게 특별한 조언을 해 주고 싶습니다. 그것은 큰 꿈을 가지는 것이 무엇보다 중요하다는 것입니다.

　　꿈은 힘들고 지칠 때 나를 이끌어 주는 힘이고 내 인생의 주인이 되어 일어설 수 있게 하는 원동력이 되어 줍니다. 꿈이 있는 아이가 공부도 잘하고 결국 그 꿈을 실현할 수 있게 되는 것입니다. 저 역시 어린 시절 품었던 꿈이 지금의 자리에 있게 한 원동력이었습니다. 남들이 모르는 큰 꿈을 마음속에 간직하고 있었기에 괴롭고 힘들어도 포기하지 않고 다시 일어설 수 있었습니다.

　　어린 시절 저에게도 힘들고 지칠 때마다 용기를 불어넣어 주고 힘이 되어 주었던 분들이 있었습니다. 지금의 자리로 저를 이끌어 준 멘토들처럼 〈who?〉 시리즈에서 여러분의 친구이자 형제, 선생이 되어 줄 멘토를 만날 수 있기를 바랍니다.

최정화 한국 외국어 대학교 교수

우리나라 최초의 국제회의 통역사로 현재 한국 외국어 대학교 통번역대학원 교수로 재직 중입니다. 세계 무대에서 자신의 꿈을 이룬 여성 신화의 주인공으로, 역시 세계에서 꿈을 펼치려고 하는 청소년들에게 멘토로서의 역할을 충실히 하고 있습니다. 저서로는 《외국어 내 아이도 잘할 수 있다》, 《외국어를 알면 세계가 좁다》, 《국제회의 통역사 되는 길》 등이 있습니다.

워런 버핏

■ 이름: 워런 버핏

■ 생몰년: 1930년 ～

■ 국적: 미국

■ 직업·활동 분야: 애널리스트,
   기업 CEO

■ 업적·수상 내역:
   미국 대통령 자유 메달 등

어린 시절 할아버지 상점에서 껌이나 콜라를 사 길거리에서 물건을 파는 등 돈을 벌고 모으는 데 관심이 많았던 워런 버핏의 꿈은 백만장자가 되는 거예요. 우연히 아버지를 따라 주식 거래장에 간 워런은 큰돈을 모을 수 있는 방법이 주식 투자라는 것을 알게 되는데, 과연 워런 버핏은 백만장자가 되는 꿈을 이룰 수 있을까요?

하워드 버핏

주식 거래상인 워런 버핏의 아버지 하워드 버핏은 어렸을 적부터 돈 모으기에 관심이 많은 아들을 데리고 주식 거래장에 가요. 그곳에서 워런의 재능을 발견한 하워드는 워런이 직접 주식 투자를 할 수 있는 계기를 만들어 주고, 그가 더 큰 꿈을 키울 수 있게 도와주지요.

벤저민 그레이엄

증권 분석의 창시자이자로 불리며 '가치 투자 이론'을 만든 벤저민 그레이엄은 어린 워런 버핏이 존경하는 사람이었어요. 훗날, 대학 진학을 고민하던 워런은 벤저민 그레이엄의 수업을 듣기 위해 컬럼비아 대학원에 진학하고, 이때 받은 가르침으로 새롭게 시작한 기업 투자를 성공으로 이끌어요.

들어가는 말

■ 투자의 귀재로 불리는 사업가 워런 버핏은 어떤 사람인지 알아봅시다.

■ 워런 버핏이 경제 활동을 한 미국의 사회와 문화의 특징을 이해합니다.

■ 주식 시장을 분석하여 투자 전략을 수립하는 애널리스트라는 직업에 대해 탐구해 볼까요?

1 숫자를 좋아한 소년

1930년에 태어난 이 소년은 상인 흉내를 무척 좋아했습니다.

자, 지폐를 받았으니 돈을 거슬러 드릴게요.

딸랑

소년의 누나 도리스는 그런 소년을 못마땅해했습니다.

동전 교환기가 그렇게 좋아?

응! 이걸 가지고 있으면 어른이 된 것 같단 말이야.

헤~

소년은 초시계를 가지고 노는 것도 좋아했습니다.

자, 준비.

쿡

풍

쿡

시작!

툭

네! 돌멩이 선수 결승선까지
1초 48입니다.

신기록입니다!

워런, 시끄러워!
조용히 좀 해!

어서 오세······
아, 워런이니?

네, 할아버지. 놀러 왔어요.

워런, 오랜만이구나.
맛있는 거 줄까?

무슨 소리냐?
세상에 공짜는 없어.

아, 네.
죄송합니다, 사장님.

워런, 뭔가를 먹고 싶거든
너도 돈을 내야 한다.
정당한 대가를 지불해야
물건을 가질 수 있는 거야.

네, 알아요.
그래서 돈을
모아 왔어요.

껌 몇 통만
주세요.

몇 통씩이나? 왜?

저도 장사를
해 보려고요.

장사?

얘들아, 아빠 왔다!

오셨어요?

어이쿠, 우리 공주. 오늘도 동생이랑 싸우지 않고 잘 지냈지?

왔어요, 여보?

워런은?

글쎄요? 아까부터 방에서 뭔가를 하고 있던데.

이 녀석, 아빠가 왔는데 나와 보지도 않아?

아, 아빠!

그런데 너…….

뭘 하고 있는 거니?

제가 모은
병뚜껑을 종류별로
다시 나누고 있어요.

종류별로?
왜?

어떤 음료수가
많이 팔리는지
알고 싶어서요.

이건 같은
콜라 병뚜껑 같은데
따로 분류했구나.

콜라?
콜라를 팔겠다고?

네, 껌보다 콜라를
사려는 사람이 훨씬
많더라고요.

APPLE
Juice

TOMATO
KETCHUP

JUICE

SALE
10 %

콜라는 6개짜리 한 박스가 25센트니까
한 병에 5센트씩 팔면 되지 않을까요?

흠, 그건 좋은 생각이
아닌 것 같은데?

어째서요?

네가 껌 하나를 팔면 1센트가 남지.
그러니까 6개를 팔면 6센트가 남잖니?

네.

숫자를 좋아한 소년 **23**

어디 볼까?

워런은 책상 서랍 안에 번 돈을 모두 모아 두었습니다.
모은 돈의 단위가 커질수록 워런은 더 많은 돈을 모으고 싶었습니다.

히히, 벌써 이만큼이나 모았네?

어어, 왜
이러지?

여보, 워런 말이에요.

응? 워런이 왜?

아직 어린 애가 너무 돈을 좋아해서 걱정이에요.

하하. 걘 돈이 아니라 숫자를 모으는 거야. 1센트가 10센트가 되고, 센트가 모여서 달러가 되고 그렇게 숫자가 커지는 데 재미가 붙은 거지.

거기다 또래보다는 어른들과 놀려고 하고…….

녀석은 에너지가 넘치는 불덩어리야. 아무래도 또래 중엔 그 에너지를 받아 줄 수 있는 친구가 없을 거야.

하여튼 크게 될 녀석이니 너무 걱정하지 마요.

그럼 다행이지만…….

워런이 뭐 하고 있나 가 볼까?

워런, 뭐 하니? 아빠가 선물을…….

아니!

워런!

열이 무척 높아요. 처방했으니 경과를 두고 보죠. 하지만 내일까지 열이 떨어지지 않으면 위험합니다.

오, 하느님!

안 돼.

내가 죽을 수도 있다고?

그런데 내가 지금까지 모은 돈이 얼마지?

I달에 50달러를 벌었다고 치면 I년이면 600달러, 그리고 I0년이면 6,000달러야. 내가 I0년만 더 살면 6,000달러를 벌 수 있어. 6,000달러로 다시 장사를 하면……

워런은 심한 열병을 앓으며 죽음의 공포를 느꼈습니다. 그러나 워런은 계속 산다면 얼마를 벌 수 있는지를 생각하며 그 공포를 이겨 냈습니다.

난 서른다섯 살에 백만장자가 될 거야. 지금은 죽지 않아.

워런 버핏의 성공 열쇠

상인 흉내를 좋아하던 소년은 어느 날 진짜 상인이 되고 싶었습니다. 그래서 할아버지의 식료품 가게에서 껌을 사다가 거리에서 1센트씩 더 받고 팔기 시작했지요. 큰돈은 아니었지만 소년은 돈을 모으며 기쁨과 보람을 얻습니다. 이 소년의 이름은 워런 버핏, 훗날 세계에서 제일가는 부자가 되지요.

워런은 아버지의 영향으로 열한 살 때부터 주식 투자를 했습니다. 일찍 투자가의 길을 걸은 그는 청소년 시절, 스스로 돈을 벌어 납세 신고서를 작성하기도 하고, 스물한 살이란 어린 나이에 컬럼비아 대학교 경영 대학원에서 경제학 석사 학위를 받기도 합니다.

남다른 노력을 바탕으로 주식 투자와 기업을 사고파는 일을 통해 세계적인 부자로 성장하게 된 워런 버핏의 성공 비결을 알아봅시다.

주식 투자로 성공한 워런 버핏(1930년~)

하나 ▶ 느리게 관찰하고 빠르게 실천하기!

어린 워런은 껌과 콜라를 팔아 돈을 벌었습니다. 이때 워런은 고작 여섯 살이었어요. 장사를 하는 방법도 잘 몰랐지요. 하지만 워런은 소꿉장난하듯 아무렇게나 장사하지 않았습니다. 가게에서 사람들이 물건을 사는 모습을 주의 깊게 관찰해 어떤 물건이 많이 팔리고, 팔린 물건의 이익이 얼마나 되는지 조사했습니다. 또, 똑같은 콜라라도 자판기에서 팔린 것과 가게에서 팔린 것을 따로 나누어 보고 어떤 것이 어디에서 잘 팔리는지 알아보기도 했습니다. 워런은 이렇게 천천히, 꼼꼼히 따져 본 뒤 장사를 시작했어요.

어린 시절, 콜라를 팔며 돈을 번 워런 버핏은 지금도 콜라를 즐겨 마십니다.

워런이 청소년 시절 신문 배달을 할 때의 일입니다.
워런은 자신의 배달 구역을 연구하여 가장 빨리 신문을
배달할 수 있는 지름길을 찾아냈어요. 그러자 배달
시간이 줄어들었고, 시간이 절약되어 다른 신문
배달원보다 더 많은 신문을 배달할 수 있었어요.
워런은 능력을 인정받아 뉴욕의 웨스트체스터라는
거대한 배달 구역을 얻게 됩니다. 모두 워런이
체계적이고 과학적으로 배달 구역을 연구한
덕분이었지요.

그런데 시간이 지난 뒤, 워런은 웨스트체스터가
지나치게 넓어서 여러 구역과 함께 배달하기엔
무리라는 것을 깨달아요. 워런은 다시 꼼꼼하게
연구하고 계획합니다. 그래서 다른 배달 구역들을
정리하고 웨스트체스터만 남기는 게 더 이익이라는
결론을 내리지요. 욕심내지 않고 과감히 포기하는 것,
이것 역시 워런 버핏의 과학적인 계획입니다.

1867년 제작된 웨스트체스터의 지도

웨스트체스터의 시가지 풍경

who? 지식사전

승부사 워런 버핏

축구의 강국 프랑스는 2010년 월드컵에서 16강에 오르지 못했어요. 그런데
프랑스가 예선에서 떨어지자 워런 버핏은 오히려 안도의 한숨을 내쉬었어요.
왜냐하면 프랑스가 16강에 나갈 경우 고객들에게 거액을 배상하는 보험을 판매했기
때문이에요. 만약 프랑스가 16강 진출에 성공했다면 워런은 약 3,000만 달러를
손해 볼 뻔했던 거죠. 하지만 타고난 투자가 워런의 감각은 월드컵에서도 빛을
발했어요. 워런의 예상대로 프랑스는 16강 진출에 실패했으니까요.

남아프리카 공화국의 항구 도시 더반.
2010 남아공 월드컵 조 추첨식이 열렸던
곳입니다. ⓒ Dual

셋 ▶ 인내하고, 기다리고!

주식 거래를 하는 사람들은 누구나 싸게 주식을 사서 비싸게 팔기를 바랍니다. 그래서 주식이 오르면 많은 사람들이 팔려고 해요. 반대로 떨어지면 더 떨어지기 전에 팔려고 하지요. 워런 버핏도 그랬습니다. 처음 주식 투자를 했던 열한 살 때는 말이지요. 워런은 자신이 산 주식이 한 주당 3달러씩 오르자 곧바로 주식을 팔았어요. 그런데 나중에 그 주식의 가격이 165달러나 오르고 말았습니다. 워런은 이 경험을 통해 주식 투자에는 인내가 필요하다는 것을 배우게 됩니다.

오늘날 워런 버핏을 세계의 으뜸가는 부자로 만든 힘 중 하나는 주식 투자입니다. 워런은 첫 주식 투자에서 얻은 교훈을 평생 잊지 않았어요.

뉴욕 증권 거래소. 열 살 때 아버지와 함께 이곳을 방문한 워런 버핏이 돈을 모으겠다는 꿈을 품었습니다. ⓒ Silveira Neto

넷 ▶ 나의 명예보다 회사의 이익!

워런 버핏은 주식 시장이 과열되자 망설임 없이 자신이 운영하던 '버핏 투자 조합'을 해체했습니다. 그리고 '버크셔 해서웨이'라는 섬유 회사의 주식을 사들여 자신의 소유로 만들었어요.

그 후 워런은 자신의 이름을 내걸지 않고 버크셔 해서웨이의 이름으로 주식을 거래했는데 워런의 이런 행동에는 이유가 있었어요. 사실 버크셔 해서웨이는 형편이 어려워 망할 위험에 놓인 회사였어요. 워런은 이 무너져 가는 회사를 일으켜 세우려고 승부수를 띄웠습니다. 바로 회사의 이름으로 주식을 거래하는 것이지요. 이렇게 하면 회사의 명예를 높일 수 있고, 그것은 곧 회사의 이익으로 돌아오기 때문이에요.

워런의 승부수는 적중했어요. 버크셔 해서웨이는

미국의 공업 도시 뉴베드퍼드에 자리한 버크셔 해서웨이 공장

다른 회사의 주식을 거래하고 소유하는 '지주 회사'로 발돋움했습니다. 이것은 워런이 스스로의 명예보다는 회사의 이익을 더 소중하게 여긴 결과랍니다.

다섯 **검소하게, 겸손하게!**

워런 버핏은 1958년에 산 평범한 집에서 아직 살고 있어요. 높은 담도 없고, 경비용 감시 카메라도 없답니다. 또 운전기사 없이, 손수 운전을 하고 다녀요. 비싼 술, 고급 음료보다는 값싼 콜라를 즐겨 마시지요. 워런의 이런 검소함은 겸손에서 나온답니다. 그가 콜라를 좋아하는 까닭도 콜라가 소박한 음료이기 때문이에요. 또 집에 감시 카메라를 설치하지 않고, 담도 쌓지 않는 것은 이웃을 존중하기 때문이지요.

미국 네브래스카주 오마하에 있는 워런 버핏의 고향 집 입니다.

워런 버핏은 말년에 자신의 재산 대부분을 사회에 기부하기로 했습니다. 사회로부터 번 돈은 다시 사회로 돌려주어야 한다는 생각에서였어요. 이렇게 눈앞의 이익보다 공공의 이익을 먼저 생각하는 겸손한 마음이 그를 행복한 부자로 만들어 주었습니다.

who? 지식사전

세계적인 음료, 코카콜라

워런 버핏이 즐겨 마시는 코카콜라를 처음 만든 사람은 미국 애틀랜타의 약사인 존 펨버턴이에요. 그는 1886년에 열대 나무인 코카의 잎과 아프리카에 사는 활엽수인 콜라의 열매 속 카페인을 주원료로 써서 음료를 만들었고, '코카콜라'라는 이름을 지었어요. 코카콜라는 전 세계적으로 200여 개 이상의 나라에서 판매되고 있지만 음료의 제조법은 지금도 일급비밀이에요. 본사에서도 콜라 원액만 판매하고, 제조법은 절대 가르쳐 주지 않는다고 합니다. 그래서인지 코카콜라는 오랫동안 세계에서 가장 인기 있는 음료수의 자리를 지키고 있어요.

미국 라스베이거스의 명소 코카콜라 박물관 ⓒ Paul Arrington

2 열한 살짜리 투자가

몸이 건강해진 워런은 다시 장사에 나섰습니다.

콜라 사세요, 콜라요!

하지만 언제 죽을지 모른다고 생각하자 콜라 장사로 만족할 수 없었습니다. 워런은 친구 스튜와 더 빨리 돈을 벌 수 있는 새로운 사업을 구상했습니다.

너, 나랑 장사하지 않을래?

장사? 우리도 물건을 팔 수 있어?

마을 옆에 골프장이 있잖아. 거기서 골프공을 주워 파는 거야. 골프공은 공짜니까 우린 금세 큰돈을 벌 수 있을 거야.

정말? 그럼 과자도 많이 사 먹을 수 있겠네!

당연하지.

워런과 스튜는 장사를 하기 위해 골프공을 줍기 시작했습니다.

얘들아, 거기서 뭐 하니?

골프공을 줍고 있어요. 모아서 팔려고요.

뭐야? 이런 맹랑한 녀석들을 보았나? 그건 골프장 거야. 이리 내!

워, 워런……

걱정하지 마. 내게 다른 계획이 있으니까.

중고 골프공 사업을 접어야 했던 워런과 스튜는
미식축구장에서 팝콘과 콜라를 팔기로 했습니다.

팝콘 있어요! 콜라 있어요!

팝콘과 콜라 사세요!

스튜, 많이 팔았어?

응, 여기 엄청나게 장사 잘돼. 넌?

나도야.

경기가 매일 있으면 좋겠다.

어느 날, 워런의 아버지가 유난히 밝은 표정으로 집에 돌아왔습니다.

아빠!

다녀오셨어요?

오냐, 우리 오랜만에 외식이나 할까?

당신, 무슨 좋은 일 있어요?

워런의 아버지 하워드는 주식 거래상이었습니다.
주식을 사고파는 일을 대신해 주고 수수료를 받는 일이었지요.

응, 주가가 올라서
이번에 수수료를
꽤 많이 받았거든.

아빠, 주식을
하면 돈을
많이 벌어요?

아니, 항상 그런 건 아니야. 그리고 돈을 버는 건
추가로 생기는 이득이지 주식 거래의 본래 목적은
아니란다. 좀 복잡하지?

주식에 대해
얘기해 주세요.
네?

음……. 워런, 상상해 봐.
네가 회사를 하나 차리려고 하는데 돈이 없어.
어떻게 해야 할까?

빌려야 돼요.

그래, 빌려야지.
그런데 회사를 차리려면
큰돈이 필요해서 몇 사람에게
빌리는 것으로는 부족해.
그래서 주식을
발행한단다.

여러분, 제가 회사를 차렸습니다.
주식을 발행할 테니 사 주세요.

자, 네 회사를 '워런 회사'라고 하자. 워런 회사가 앞으로 성장할 것 같으면 사람들은 주식을 사게 된단다.

주식 열 장만 줘.

여기 있어요.

난 백 장을 사겠어.

네가 주식을 한 장에 1달러에 팔았다고 치면 110달러가 모였겠지? 그렇게 모은 110달러는 네 회사의 *자본금이 되는 거야.

이 돈으로 뭘 할까? 그래, 콜라와 껌을 많이 사서 팔아야지.

그렇게 장사를 하다 보면 이익이 남겠지? 이익이 나는 만큼 네 회사에는 돈이 많아져. 그러면 회사는 성장하게 되고 가치도 올라가지.

회사의 가치가 올라가면 주식의 가격도 올라가. 워런 회사의 주식이 1달러에서 2달러로 오르면 어떻게 될까?

제 회사의 주식을 산 사람들은 한 주당 1달러씩 이익을 보게 돼요.

자본금: 이익을 목적으로 사업에 투자한 돈

맞아. 그런데 주식을 가지고 있는 사람 중에 필요 없다고 생각되면 파는 사람도 생겨날 거야.

워런 회사 아시죠? 제가 그 회사 주식 백 장을 가지고 있는데 그중 열 장을 팔려고 해요.

아, 예전에 1달러 했던 그 주식? 내가 사겠어요.

회사가 성장해서 주식 가격도 2달러로 오른 건 아시죠? 20달러 주세요.

가치 있는 회사의 주식이니 조금 비싸게 사도 괜찮소. 좋습니다.

그럼 여자는 1달러씩 10장, 즉 10달러의 이익을 본 거지? 이렇게 주식을 사고파는 걸 주식 거래라고 한단다.

아빠, 그런데 주식의 가격이 내려가기도 해요?

그렇지. 회사의 가치가 떨어지면 주가도 떨어져. 그러니 주식은 회사를 보고 선택해야 한단다.

아!

주식 거래에 흥미가 생긴 워런은
주식에 대해 공부하기 시작했습니다.
그런 워런에게 아버지의 서재는
가장 좋은 도서관이었습니다.
아버지의 서재에는 주식과 관련된
책이 많았으니까요.

워런, 너 아빠
서재에서 뭐 해?

워런!

앗, 누나!

이것 좀 봐.

뭐 재미있는 거라도
있어?

응, '가치 투자'라는 새로운 주식 투자 방법을 알려 주는 책이야.

사람들은 보통 주식 투자를 할 때 주가가 조금만 오르면 왕창 사고, 반대로 조금만 내려가면 팔아 버리거든.

하지만 벤저민 그레이엄은 내가 투자한 기업을 믿고 주식을 계속 가지고 있으라고 말했어.

그럼 뭐가 좋은데?

여기 나와 있다! 그렇게 오랫동안 투자하면 이익을 얻게 되는데…….

그이, 이익은…….

이익은?

이익은 누구도 측정할 수 없다!

이 말은 가치 투자로 백만장자도 될 수 있다는 뜻이잖아?

뭐? 백만장자? 무슨 말도 안 되는 소리야? 주식을 가지고만 있어도 그렇게 큰돈이 생긴다고?

어휴!

이거야!
드디어 내 꿈을 이룰 수 있는
방법을 찾았어!

워런은 책에서 본 내용을 실천하기 위해
아버지가 일하는 주식 거래장을 찾아
주가의 움직임을 살폈습니다.

JPO	↓	40.15	0.1
KOI	↑	52.17	1.04
PEJ	↑	34.02	0.30
SBO	↓	97.25	0.80
TOI	↑	15.47	0.15

애야, 뭐가 그렇게 재미있니?

네?

눈에서 빛이 나는구나.
이렇게 집중하는 사람은
처음 봤다.

재미있어서요,
헤헤.

그런데 네가 보는 게 뭐니?

주식의 흐름을 기록한 거예요.
이걸 보면 주가가 오른 후에는
반드시 떨어진다는 걸
알 수 있어요.
내려가는 주가도
언젠가는 다시
오르고요.

그럼 내가 어제 산 주식 좀 봐 줄래?
가격이 자꾸 내려가는구나.

그 회사는
며칠 전부터
주가가 내려갔으니까
사흘 정도 지나면
다시 오를
거예요.

허허허, 그래? 일리가 있군.
어디 한번 네 말을 믿어 보지!

며칠 후, 그날도 워런은 주식 거래장에 앉아
주식이 거래되는 상황을 지켜보고 있었습니다.

애야, 애야!

후
다
닥

하하하, 네 말을 듣길
잘했구나. 정말로 주가가
오르기 시작했어!

워런은 주식 중개장의 어린 스타가
되었습니다. 많은 사람이 워런에게
주식의 전망을 물어보았고 워런은
아는 대로 설명해 주었습니다.

워런, 이제 너도 직접 주식 투자를 해 보는 게 어떻겠니?

제가 투자를요?

워런은 누나 도리스에게 함께 주식 투자를 하자고 설득했습니다.

난 안 한다니까?

누나, 그냥 가만히 있으면 돈을 벌 수 있어.

그래도 싫어! 내 용돈을 왜 네 맘대로 하려는 거야?

내가 쓰는 게 아니야. 누나 건 누나 이름으로 사면 돼.

결국 워런은 도리스를 설득해 '시티스서비스'라는 회사의 주식을 3주씩 샀습니다. 이 주식은 한 주에 37달러였는데 어린 남매에게는 큰돈이었습니다.

어? 말도 안 돼!
내려갔잖아?

그런데 워런의 예상과는 달리
시티스서비스의 주가가 떨어지기
시작했습니다.

조금만 기다려 봐.
틀림없이 다시
오를 거야.

뭐야?
돈을 벌게 해 준다더니.
주가가 떨어졌다며?
그럼 손해 본 거잖아.

내 돈 잃으면
가만 안 둬!

이상하다, 이제 막
오르기 시작한 주식이라
며칠 더 오를 줄 알았는데
왜 떨어졌지?

시티스서비스의 주식이
크게 올랐단다.
아마 며칠은 갈 것 같아.

네?

정말요?

시티스서비스의 주식은 나날이 올라 한 주에
202달러가 되었습니다.

좀 더 기다릴 걸
그랬지?

네. 벤저민 그레이엄이 쓴
책에도 오래 기다려야 한다고
했는데……

회사란 무엇일까?

회사에 대해 알기 위해서는 먼저 기업을 알아야 합니다.
'기업'은 이윤을 내기 위해 상품과 서비스를 만들고 판매하는
조직을 말해요. 부부가 운영하는 작은 포장마차도, 수만
명의 직원이 일하는 대기업도 모두 이윤을 추구하는
기업이지요. 이런 기업 가운데 법적인 절차와 규정에 따라
설립된 것을 '회사'라고 해요. 따라서 회사도 생산 활동을
통해 이윤을 얻는 것을 목표로 한답니다.

회사의 수출 활동 ⓒ Maurice Marcellin

하나 회사가 하는 일

회사는 이윤을 얻기 위해 다양한 활동을 하고 있어요.
회사가 하는 일에 대해 알아봅시다.

생산 활동: 회사가 하는 가장 기본적인 활동이에요. 물건이나
서비스 등을 만들어 판매함으로써 돈을 벌지요. 회사의 생산
활동을 통해 우리는 필요한 것을 얻을 수 있어요.

고용 활동: 회사는 생산 활동을 하기 위해 직원을 고용해요.
회사에 고용된 직원들은 더 많은 이윤을 얻기 위해 열심히
일하고, 회사는 직원에게 일한 대가인 임금을 지급합니다.

수출 활동: 회사는 생산물을 외국에 팔기도 해요. 수출을
통해 더 큰 시장을 개척하고, 나라 경제에 도움을 주지요.

기부 활동: 회사는 이윤을 모두 가져가지 않고 사회와
나눠요. 어려운 사람을 돕고 필요한 일에 쓸 수 있도록
돈이나 생산품을 기부하고, 기업 차원에서 직접 봉사
활동을 하기도 한답니다.

회사의 이익을 사회적 약자와 함께 나누는 기부 활동
ⓒ North Carolina National Guard

회사의 종류

합명 회사: 모든 사원이 회사 운영에 공동 책임을 지는
회사예요. 사원이 몇 명 없는 작은 회사에 적합한
유형이지요.

합자 회사: 두 사람 이상이 자본을 대어 만든 회사예요.
합자 회사의 사원은 회사 업무에 책임을 지는 사원과
회사 재산을 감독하는 사원으로 나누어져요. 회사 재산을
감독하는 사원은 회사 재산에 대해서만 어느 정도 책임을
지고 업무에는 관여하지 않습니다. 역시 사원이 적은
회사에 적합합니다.

삼성 사옥. 세계적인 기업으로 자리 잡은 우리나라
기업 삼성은 주식회사에 속합니다.

주식회사: 주식회사는 주식을 발행해서 그 주식을 사는
사람들로부터 자금을 지원받아 회사를 운영해요. 주식을
가진 사람을 '주주'라고 하는데 주식회사는 이 주주들로
이루어진 회사랍니다. 주주는 주주들의 모임인 주주
총회에서 회사에 대한 의사를 결정하는 일에 참여하지만
업무에는 관여하지 않아요. 주주 중에서 주식을 가장 많이
가진 사람이 회사의 대표가 되어 회사를 경영하지요.
규모가 큰 대기업에 적합한 주식회사는 네 가지 종류의
회사 중 우리가 가장 쉽게 볼 수 있는 유형이에요.

유한 회사: 중소기업에 적합하고 모든 사원이 회사에
자본을 댈 의무가 있습니다. 또 모든 사원은 회사의
채무를 함께 갚을 책임도 있어요. 이렇게 회사의 채무에
대해 공동 책임을 진다는 점은 합명 회사와 비슷해요.
하지만 합명 회사와는 달리 유한 회사의 사원들은 자신이
투자한 자본금의 액수만큼만 책임을 지지요.

금융과 무역 회사들이 밀집된 서울 테헤란로의 모습입니다.
© Visionstyler Press

셋   주식회사 경영하기

이제 회사가 무엇인지, 무슨 일을 하는지 알게 되었을 거예요.
그럼 이제부터 여러분의 주식회사를 설립해 봅시다.

주식회사를 세우자!

제과 회사를 세우는 상상을 해 보아요. 비스킷, 쿠키,
초콜릿이 우르르. 앗! 그런데 회사를 세우기엔 돈이
부족하네요. 돈을 마련해야 하는데, 빌릴 곳은 없고……. 이
경우 여러분은 주식을 발행할 수 있어요. 주주들에게 주식을
팔아 돈을 모으는 거죠. 여기서 주식을 가장 많이 가지는
사람은 본인이어야 해요. 주식회사의 경영권은 회사의
주식을 가장 많이 갖고 있는 사람에게 주어지니까요.

가게에 진열된 초콜릿. 소비자의 눈길을 끄는 제품은
판매에 유리하고, 이는 회사의 주가에도 영향을 미칩
니다. ⓒ Erin Silversmith

제품을 만들자!

이제 여러분은 주식회사를 세우고 과자를 생산합니다.
다행히 내놓는 제품마다 잘 팔리네요. 그런데 이걸 어쩌죠?
여러분의 공장에서는 하루에 과자를 100상자밖에 못
만드는데, 과자를 사겠다는 사람들이 하루에 1,000상자를
팔라는 거예요! 하루에 1,000상자를 생산하려면 회사 규모를
키워야 해요. 하지만 당장 회사 규모를 키울 돈이 없어요.
어떻게 해야 할까요?

주식을 더 발행하자!

자, 과자 1,000상자를 생산하려면 돈이 더 필요합니다.
그런데 많은 사람이 여러분 회사의 주식을 사고 싶어 해요.
여러분의 회사가 계속 성장하고 있으니까요. 그렇다면 주식을
더 발행하는 게 좋겠죠? 이제 여러분은 적절한 양의 주식을
발행해서 하루에 과자 1,000상자를 만들 수 있게 되었어요.
그런데 회사의 성장이 조금씩 더뎌지네요! 더 많은 수익을
내기 위해 학용품도 만드는 건 어떨까요?

많은 수익을 내려면
먼저 좋은 제품을
생산해야 해!

계열사를 세우자!

이제 여러분의 회사는 제과와 학용품, 두 개의 회사를 '계열사'로 거느린 '그룹'이 되었습니다. 두 회사가 승승장구하여 더 이상 주식을 발행하지 않아도 될 만큼 큰 이익을 냅니다. 이제 회사를 더 키우는 것은 경영자인 여러분의 판단에 달렸습니다. 지금 있는 두 회사를 더욱 튼튼히 경영할 수도 있고, 의류 회사와 장난감 회사를 세워 계열사를 늘릴 수도 있지요. 결정은 신중하게 내려야 해요. 회사를 키우려고 무리하게 사업을 벌이면 오히려 손해를 볼 수도 있기 때문입니다.

예쁜 포장으로 유명한 이탈리아의 초콜릿 '페레로 로쉐'. 제품을 보기 좋게 만들고, 잘 알릴 수 있도록 광고하는 것도 기업 활동에 속합니다. ⓒ Henrique Scherer

• 그룹과 계열사: '그룹'이란 하나의 계열을 이루는 여러 계열사들의 무리를 뜻합니다. '계열사'란 그룹을 이루는 낱낱의 회사를 말해요. 현대, LG, 삼성과 같은 회사들은 우리나라를 대표하는 그룹입니다. 삼성을 예로 들면 통신, 가전제품을 만드는 삼성전자와 금융을 담당하는 삼성생명을 나란히 거느리고 있습니다. 여기에서 삼성전자와 삼성생명은 삼성이라는 그룹을 이루는 계열사예요.

who? 지식사전

우리나라 금융의 근대화를 이룬 대한천일은행

1876년(고종 13년) 강화도 조약 체결 이후 대한 제국엔 일본의 금융 자본이 밀려들었어요. 이에 맞서고자 대한제국 황실과 조선 상인들은 힘을 모아 대한천일은행을 세웠어요. 1899년에 설립된 이 은행은 우리나라 최초의 민족 은행이자 주식회사랍니다. 상인들은 물론 고종 황제와 정부 관료들도 주주로 참여했는데 설립할 당시 자본금은 5만 6천 원, 발행 주식 수는 1,120주(주당 50원)였어요. 대한천일은행은 일제 강점기에 경영권이 일본으로 넘어가면서 '조선상업은행'이라는 이름으로 바뀌기도 했어요. 하지만 그 명맥은 지금까지 이어지며 오늘날 '우리은행'으로 만날 수 있답니다.

조선 제26대 임금이자 대한 제국의 황제 고종

3 어린 사업가

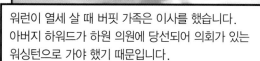

워런이 열세 살 때 버핏 가족은 이사를 했습니다.
아버지 하워드가 하원 의원에 당선되어 의회가 있는
워싱턴으로 가야 했기 때문입니다.

또래와 잘 어울리지 못했던 워런은 새로운 생활에
적응하지 못하고 혼자 보내는 시간이 많았습니다.

다음이 과학 시간인데 어디로 가야 하는지 모르겠네?

얘, 너 혹시 과학 수업하는 교실이 어딘지 아니?

응?

아, 저……. 난 이 교실에서 영어를…….

그래? 아무튼 과학 수업은 어디서 하는지 모르지?

으응…….

너 저 괴짜랑 무슨 말을 한 거야?

어떤 애인지 궁금해서. 그런데 말도 제대로 못하더라.

전혀 똑똑하게 안 보여.

웬일이니?
공부는
잘한다던데.

호 호 호

그러던 어느 날,
신문 보급소 앞을 지나던
워런이 무언가를
발견했습니다.

신문보급소
NEWSPAPER

배달원
구함

터 벅

터 벅

아, 심심해. 학교도 재미없고
장사도 못 하고. 백만장자가 되려면
이럴 시간이 없는데……．

힐 끗

배달원
구 함

너 신문 배달에
관심 있니?

끼
익

신문
배달이요?
어떻게 하는
건데요?

아침 일찍 나와
배달할 신문을 챙겨서
집집마다 가져다주면 돼.
많이 배달할수록
월급도 많아진단다.

정말요?
배달하는 만큼
돈을 받는다고요?

워런은 곧바로 신문 배달 일을 시작했습니다.
워런이 배달하는 신문은
〈워싱턴 포스트〉였습니다.

배달을 마친 후에는 집집마다 찾아다니며 새로운 독자를 구했습니다. 배달하는 신문이 많아지면 워런의 수입도 늘어났기 때문입니다.

여긴 신문을 보지 않는 것 같은데?

계세요?

똑 똑

무슨 일이냐?

안녕하세요?

아저씨, 혹시 신문 보실 생각 없으세요?

신문?

네, 제가 〈워싱턴 포스트〉를 배달하고 있거든요.

〈워싱턴 포스트〉? 난 그 신문은 별로던데?

신문은 〈워싱턴 타임스-헤럴드〉지. 그게 최고야.

그럼 그걸로 넣어 드릴게요. 신문 보실래요?

그래? 그렇다면 좋다.

헤헤, 감사합니다.

워런은 다른 신문 배달원들과
달리 배달하는 신문의 종류를
늘리려고 했습니다.

너, 〈워싱턴 타임스-
헤럴드〉도 배달한다며?

응, 그거 보는
사람도 많더라고.

하지만 힘들지 않겠냐?
시간도 오래 걸리고.

괜찮아.
내가 조금만
더 부지런하면
되는걸.

너 신문 많이 돌리면 월급이
올라가니까 그런 거지?

맞아.

네?
평소보다 일찍
마쳤는데요?

무슨 소리야?
워런은 너보다 신문을
두 배나 많이 돌리지만
30분 전에 돌아왔어.

네?

워런은 아침에만 신문을 돌리는 것으로
만족할 수 없었습니다. 그래서 〈이브닝 스타〉라는
석간신문까지 돌리기로 하였습니다.
그뿐만 아니라 배달 구역까지 점점 넓혀 나갔습니다.

휙

소장님, 배달 구역
하나 더 맡겨 주세요.

워런!
너 같은 녀석만 있으면
내가 아무런 걱정이
없겠다, 하하하.

......

표정이 왜 그래?
안 좋은 일이라도
있니?

리처드 씨가 말도 없이
이사를 갔어요.

뭐라고? 리처드 씨는
구독료를 석 달이나 미뤘던 사람이잖아?
이사 갈 생각을 하고 일부러 떼어먹은 게
분명해!

리처드 씨의 구독료는
네 월급에서 제하겠다.
구독료를 받아 오는
것도 네 일이니까!

후유......

그, 그래. 알았어.

너도 조심해! 세상에 못된 사람이 얼마나 많다고!

이 녀석아, 왜 워런한테 화풀이야?

아야!

누구세요?

안녕하세요, 전 신문 배달하는 워런인데요. 신문 무료로 드릴게요.

무료로?

네, 대신 이사 가는 사람이 있으면 저한테 미리 알려 주시겠어요?

그거야 어렵지 않지. 좋다.

참, 405호의 빌리 씨가 다음 주 화요일에 이사 간다고 하던데?

빌리 씨요? 알려 주셔서 감사합니다.

워런은 월요일 밤에 빌리 씨를 찾아갔습니다.

405

띵동

신문 배달하는
아이구나.
무슨 일이냐?

안녕하세요, 빌리 씨.
신문 구독료를 받으려고
왔는데요.

구독료는 한 달에
한 번 내는 거잖니?
난 지난주에 이미 냈다.

하지만 내일
이사 가시잖아요.
그래서 오늘까지의
구독료를 받으려고요.

으응? 네가 그걸 어떻게 알았지?

구독료
주실 거죠?

그, 그럼!
내가 돈 떼어먹을
사람으로 보이냐?
하하하.

이게 뭐지?

이사 갈 분들과 그동안 밀린 게 있었던 분들의 구독료예요.

뭐, 뭐야?

워런! 너 정말 대단한 녀석이구나. 아무래도 널 승진 시켜야겠다. 이제부터 웨스트체스터 구역을 맡도록 해라.

앗! 소장님, 거기는 너무 넓은 구역이라 혼자서는 힘들 거예요.

이 녀석은 가능해. 이사 갈 집도 미리 알아서 구독료를 받아 왔단 말이다!

정말이야?

으쓱

똑똑

워런,
뭐 하니?

*납세 신고서를 쓰고 있어요.

납세 신고서? 그런 걸 쓸 정도로 돈을 많이 벌었니?

헤헤, 조금요. 보여 드릴까요?

드륵

이야, 정말 대단하구나.

이것 보세요. 통장에도 돈이 계속 늘어나고 있어요.

그런데 그렇게 열심히 모아 어디에 쓰려고?

*납세 신고서: 소득이 있는 사람이 세금을 내기 전에 자신이 낼 금액을 미리 적어 신고하는 문서

그건 생각 안 해 봤어요.
일단 전 백만장자가
될 때까지 돈을 계속
모을 거예요.
백만장자가 꿈이거든요.

워런, 돈은 모으는
것도 중요하지만 쓰는
것이 더 중요하단다.
그냥 모아만 둔다면
그건 너 혼자의 만족일 뿐,
무슨 가치가 있겠니?

아, 거기까진 생각을
못했네요. 그런데
돈을 가치 있게 쓰려면
어떻게 해야 하죠?

하하, 그건 네가
천천히 생각해 보아라.
네 돈이니까 말이다.

아빠 말씀이 맞아.
돈을 모으기만 할 순 없겠지.
하지만 그냥 쓰긴 아까운걸?
어디에 써야 좋을까?

에이! 그건 백만장자가
되고 나면 생각할래요.

그래, 너 좋을 대로 하렴. 자, 그럼 납세 신고서 좀 볼 수 있겠니?

네, 여기요.

이야, 워런. 너 한 달에 175달러나 버는구나. 네 나이에 이건 정말 대단한 일이다. 어른 중에도 이만큼 돈을 벌지 못하는 사람이 많거든.

하지만 난 좀 걱정이 되는구나.

왜요?

네 나이 때는 할 일이 많단다. 지금 너에게 필요한 건 학교 공부 같구나.

하지만 전······.

신문 배달을 당장 그만두라는 건 아니다. 일을 핑계로 학교 공부를 게을리하지 말라는 말이지.

걱정하지 마세요.
성적이 떨어지면
신문 배달도
그만둘 거예요.
약속할게요.

하하,
이 불덩어리 녀석!
널 믿는다.

녗 년 뒤, 워런은
쭝등학교를 졸업했습니다.
이때 워런의 재산은 6,000달러였는데
당시 6,000달러는 일반적인 소득
수준의 성인이 월급을 단 한 푼도
쓰지 않고 2년 4개월을 모아야
하는 돈이었습니다.

하지만 워런에게 무엇보다 기뻤던 일은 재산을 많이 모았다는
사실이 아니었습니다. 바로 아버지와의 약속을 지켰다는 것이었지요.

훌륭하구나.
워런, 네가 자랑스럽다!

아버지, 졸업생 374명 중에서
제가 16등을 했어요.

주식과 주식 투자

하나 주식이란?

주식은 주식회사의 자본을 이루는 단위입니다. 주주는
주식회사가 발행한 주식을 사고, 주식회사는 이를 통해
자본을 얻지요. 주식을 산 주주는 회사에 대한 재산상의
권리(지분)를 갖습니다. 주식은 한 사람이 여러 개를 가질 수
있으며, 가장 많은 주식을 가진 사람이 그 회사의 경영권을
갖게 돼요. 주식은 보통 증권 거래소에서 거래된답니다.

증권 거래소의 내부 모습입니다.
ⓒ Dick Thomas Johnson

둘 주가란?

주가란 주식의 가격입니다. 회사의 가치가 떨어지면
주가도 함께 내려가고, 회사의 가치가 올라가면 주가도
함께 오릅니다. 우리나라의 경우 주가는 하루의 상승폭과
하락폭이 15퍼센트로 제한되어 있어요. 예를 들어
100원짜리 주식은 하루에 15원까지만 오를 수 있다는
것이지요. 이것은 주식 거래가 과열되는 것을 막기 위한
장치입니다.

who? 지식사전

증권 거래소에는 그날의 주식 거래 상
황을 알려 주는 전광판이 있습니다.

증권 거래소

주식을 산 주주는 회사에 대한 재산상의 권리를 갖습니다. 그 권리를 법으로 인정한
문서를 '증권'이라고 해요. 증권 거래소는 바로 이 증권을 사고파는 시장이에요.
증권 거래소는 그날의 주가를 결정합니다. 그날 최고로 오른 주가를 '상한가'라고 하며
↑로 기록합니다. 상한가는 되지 않았지만 주가가 올랐을 경우 ▲로 표시해요. 반대로
그날 최하로 떨어진 주가는 '하한가'라 하며 ↓로 기록합니다. 하한가는 되지 않았지만
주가가 내려갔을 경우 ▼로 표시합니다.

셋 ▸ 주식 투자는 이렇게!

그날 사서 그날 팔기

아침에 산 주식의 주가가 조금이라도 오르면 그날 안에 파는 방법이에요. 비교적 손해가 적은 투자 방법이지요.

며칠 동안 살피기

오늘 산 주식의 거래량을 며칠 동안 지켜보다가 주가가 오르면 파는 방법입니다. 짧은 시간 동안 큰 폭으로 주가가 떨어진다면 큰 손해를 볼 수도 있어요.

정보형

기업에 대한 정보를 꼼꼼히 수집하여 전망이 밝은 회사를 골라 투자하는 방법입니다. 정보형 투자자들은 기업이 앞으로 어떻게 변화할지 정보를 얻기 위해 노력한답니다.

방관형

주식 거래를 전문 주식 중개상에게 맡기는 방법이에요. 의뢰를 받은 주식 중개상은 위의 모든 방법을 이용하여 신중하게 투자하지요. 하지만 손해에 대한 책임은 본인이 져야 합니다.

월스트리트에 위치한 페더럴 홀 국립기념관. 뉴욕 증권 거래소 맞은편에 있습니다. ⓒ Reading Tom

1867년 월스트리트의 풍경. 대서양 해저전선이 부설되면서 증권 발행 및 거래가 활발해졌습니다.

세계 금융 시장의 중심가, 월스트리트

세계 경제의 중심 월스트리트는 미국 뉴욕 시 맨해튼의 거리 이름이에요. 이곳에는 증권 거래소와 증권 회사, 은행 등이 몰려 있어요. 월스트리트는 세계 경제에 영향을 미칩니다. 월스트리트에 있는 뉴욕 증권 거래소의 주식 시장이 하락세에 접어들면 미국 전역은 물론, 아시아, 유럽 등 전 세계가 그 영향을 받아 주가가 내려가는 경우가 많지요. 그래서 월스트리트를 가리켜 '영향력 있는 금융 세력'이라고도 해요.

'월가'라는 이름은 이민 온 네덜란드인이 인디언의 침입을 막기 위해 쌓은 성벽에서 유래합니다.

넷 주식 투자에 대하여

주식 투자를 하기 위해 가장 먼저 해야 할 일은?

주식 투자를 하기 위해서는 주식을 거래하기 위한 전용 통장을
만들어야 합니다. 이것을 '주식 계좌' 혹은 '증권 계좌'라고
하는데 가까운 증권사나 은행에서 만들 수 있습니다.
주식을 거래하는 데에 나이 제한은 없습니다. 그러나
미성년자인 경우 보호자의 동의가 필요해요.

주식 거래는 언제 할 수 있나요?

주식은 정해진 시간에만 사고팔 수 있어요. 주식을
거래하는 시간은 나라마다 다른데, 우리나라는 월요일부터
금요일까지 오전 9시에서 오후 3시 30분에 주식 시장이
열리지요. 정규 시간 외에도 오전 8시 30분에서 9시, 오후
3시 40분에서 6시에 추가로 주식을 거래할 수 있어요.

서울 코엑스 컨벤션 센터. 기업들이 자사의 제품을
알리려고 박람회나 전시회를 여는 곳입니다.

주가는 왜 오르고 내리나요?

주가가 변하는 원인에는 여러 가지가 있어요. 먼저 기업
내부의 상황이 바뀔 때 주가가 변해요. 어떤 기업이 새로운
사업을 시작하거나 좋은 평가를 받으면 주가는 올라가요.
반대로 물건이 잘 팔리지 않거나 나쁜 소식이 전해지면 주가가
내려가지요.

정부의 정책이 바뀔 때에도 주가가 변해요. 국가에서
발표하는 새로운 법이나 경제 정책에 따라 어떤 기업의
주가는 오르고, 어떤 기업의 주가는 내려가지요. 또 사회적인
뉴스가 주가에 영향을 끼치기도 해요. 온 국민을 놀라게 하는
사건이 일어나거나 외국에서 첨단 기술을 개발했다는 소식이
발표되면 관련된 회사의 주식이 변한답니다.

이렇게 기업의 주식은 우리 생활 구석구석과 연결되어 있어요.
그래서 주식 투자를 잘하기 위해서는 세상에서 일어나는 모든
일에 관심을 가져야 해요.

미국의 장외 주식 시장인 나스닥
ⓒ bfishadow

통합 지식+ 3

주식 투자에서 중요한 것은 무엇인가요?

주식 투자에서 이익을 내는 일보다 더 중요한 것은
올바른 마음가짐입니다. 많은 투자자들이 주식
투자에서 실패하는 원인은 지나치게 욕심을 부리기
때문이에요. 단번에 큰돈을 벌겠다는 마음으로
무리하게 투자하는 것은 옳지 않습니다.
워런 버핏은 "주식은 감정이 없다."라는 말을 했어요.
이 말은 자신의 감정에 휩쓸려서 실패하고 마는
투자자들에게 건넨 워런의 충고예요. 기분에 따라
감정적으로 하는 주식 투자는 매우 위험합니다.
성공적인 주식 투자를 하기 위해서는 자신만의
뚜렷하면서도 올바른 원칙을 세우는 게 우선입니다.

영국 최대의 증권 거래소인 런던 증권 거래소 ⓒ Gren

인도의 뭄바이 증권 거래소. 1875년에 세워진
아시아 최초의 증권 거래소입니다.

who? 지식사전

기업의 가치가 주식의 가치

워런 버핏의 투자 원칙은 '기업의 가치로 판단한다.'입니다. 워런은 당장 이익이
없더라도 성장할 가능성이 있는 기업이라면 망설임 없이 투자했어요. 게이코
보험에 투자한 것이 예입니다. 보통 보험사들은 위험한 직업을 가진 사람들에게
보험을 들어 주지 않아요. 그런 사람들은 다치기 쉬워서 보험금을 많이 지급해야
하니까요. 하지만 게이코 보험은 직업을 가리지 않고 보험을 들어 주었어요. 워런은
이 점을 높이 샀습니다. 사람을 존중하는 게이코 보험의 가치를 꿰뚫어 본 것이죠.
워런의 눈은 정확했어요. 게이코 보험은 차츰 사람들에게 인정을 받았고, 다시
안정을 되찾았답니다.

일본의 도요타 자동차가 만든 친환경 자
동차. 환경 보호가 강조되는 요즘, 친환경
자동차는 자동차 회사의 회사 가치를 높
이는 데 이바지합니다.

기업의 가치가 높아지면 주가가 올라가요. 반대로 기업의 가치가 낮아지면 주가도
내려가지요. 그래서 기업들은 기업의 가치를 높이기 위해 서로 경쟁을 해요.

4 대학에 간 워런 버핏

아버지, 대학에 왜 가야 하는지 모르겠어요. 전 돈을 벌고 싶어요. 대학 등록금으로 차라리 사업을 하는 게 낫지 않을까요?

그건 네가 몰라서 하는 말이다. 사업은 어려운 거란다.

고등학교를 졸업한 워런은 아버지와 갈등을 겪었습니다.

하지만 전 이미 신문 배달과 주식 투자로 6,000달러를 모았어요. 신문 배달을 하면서 사업에 대한 노하우도 쌓았는걸요.

모르는 소리! 관리 구역이 넓다고 해서 신문 배달을 사업이라고 할 수는 없지. 사업을 하려면 대학에서 경제학과 경영학을 공부해야 도움이 된단다.

어릴 적부터 장사를 많이 해서 그 정도는 모두 터득했어요.

그건 어린애 소꿉장난 같은 거야. 대학에서 제대로 된 학문을 배운다면 분명히 네 생각이 바뀔 거다.

워런, 아버지 말씀 들어라. 넌 입학 허가를 받은 대학도 있잖니?

그럼 신문 배달은요? 대학을 다니면서도 계속할 수 있게 해 주세요.

무슨 소리냐? 대학 공부를 만만히 보면 안 돼. 신문 배달도 당연히 그만두어야지.

휴…….

워런!

알겠어요.

워런은 결국 아버지의 뜻에 따라 와튼 스쿨에서 경영학을 배웠습니다. 하지만 워런은 이것을 시간 낭비라고 생각했습니다.

거기다 워런은 친구들에게 인기도 없어, 대학 생활이 무척 외로웠습니다.

쟤 좀 봐. 완전 할아버지 같아.

돈은 많다는 소문이 있던데?

돈만 많으면 뭐하니? 애가 촌스러운데. 쟨 아직도 콜라를 마신대.

콜라? 어린애잖아?

그러던 어느 날 워런은 아버지 하워드가
네 번째 하원 의원 선거에서 떨어졌다는 소식을 들었습니다.

아버지, 선거에서
떨어지셨다는 이야기
들었어요. 워싱턴을
떠나신다는 것도요.

그래야 할 것 같구나.
이제 고향인 오마하로 돌아가서
다시 주식 중개상으로 일할 생각이야.

아버지, 그렇다면
저도 고향으로
돌아가겠습니다.
와튼 스쿨은 저와
맞지 않아요.

무슨 소리야?
공부를 그만두겠다는
거냐?

그건 아니에요. 고향에 있는 네브래스카 대학에서 남은 공부를 마저 하겠습니다.

이번에는 제 뜻대로 하게 해 주세요.

워런은 고향 인근의 네브래스카 대학으로 편입했습니다. 그리고 신문 배달하는 소년들을 관리하는 일도 했습니다.

지금부터 이사 가는 사람에게 신문 구독료를 받아 내는 방법을 알려 줄 테니 잘 배워 둬.

물론 주식 투자도 게을리하지 않았지요.

1950년, 워런은 남들보다 1년 빨리 대학을 졸업했습니다. 그동안 워런의 재산은 9,800달러로 늘어났습니다.

워런, 이제 어떻게 할 셈이냐?

대학을 졸업했으니 사업을 한다고 해도 말리지 않겠다.

아니요. 대학을 다니다 보니 좀 더 공부를 해야겠다는 생각이 들었어요. 대학원에 진학 하겠습니다.

그거 반가운 소리구나. 어느 대학원에 갈 생각인데?

하버드요. 미국 최고의
대학이잖아요.

하버드?

워런은 하버드 경영 대학원에
입학하기 위해 면접시험을
보러 갔습니다.

버핏 군?

네.

가져온 건 뭐죠?

주, 주식에 대한 차트입니다. 제가 가장 자신 있는 분야라 여기에 대해 이야기 하고 싶습니다.

시작하세요.

아…….

어어?

툭

흐음...

스으윽

보, 보시다시피……
주가는 일정한 흐름을
가지고 있는데…….

아니,
그게…….

다음 면접자 들어오세요.

워런은 하버드 경영 대학원 면접에서 떨어졌습니다.
무슨 일을 해도 언제나 성공만 했던 워런은
인생에서 처음으로 실패를 맛보았습니다.

나가세요,
버핏 군!

…….

휴, 관심 없어요.
어디가 좋은지도
잘…….

앗!

벤저민 그레이엄은 내가 투자한 기업을 믿고
주식을 계속 가지고 있으라고 말했어.

휴, 벤저민
그레이엄이 쓴
책에도 오래
기다려야 한다고
했는데.

아버지,
저 컬럼비아 대학원에
지원하겠어요.

그것 봐라.
마음에 드는 대학이
있을 거라고 했잖니?

그런데 워런,
여긴 어렵겠는데.

왜요?

마감일이 얼마 남지 않았어.
오늘 지원서를 보낸다고 해도
접수 기한을 넘길 것 같구나.

네?

아버지, 그래도 전
벤저민 그레이엄 교수님께
배우고 싶어요. 안 될지도
모르지만 일단 지원서를
넣겠어요.

워런은 진심을 담아 지원서를 쓰기
시작했습니다. 자신이 그동안 신문 배달과
사업을 통해 어떻게 돈을 벌었고
주식 투자로 얼마의 이익을 남겼는지,
그리고 자신이 생각하는 주식 투자와 경영은
어떤 것인지에 관해 빠짐없이 적었습니다.

워런은 어렸을 때부터 책에서 자주 보았던 벤저민 그레이엄에게서 경영학을 배우고 싶었습니다. 하지만 워런의 입학 지원서는 마감일을 넘겨 도착했습니다.

컬럼비아 경영 대학원 교수들은 워런의 지원서를 놓고 토론을 벌였습니다.

이 친구의 지원서를 보니 배움에 대한 의지가 강해 보이는데 입학시키는 게 어떻습니까?

하지만 지원서 마감 날짜를 어겼잖습니까? 날짜는 중요한 약속입니다.

맞습니다. 진정성은 있지만 날짜를 어겼으니 전 곤란하다고 봅니다.

음……

며칠 뒤, 워런의 집에 편지
한 통이 도착했습니다.

워런, 컬럼비아 대학에서
편지가 왔구나.

합격 통지서
일까요?

어서 읽어
봐라.

귀하의 입학 지원서를
검토한 결과 입학 지원
마감 일자를 넘겨 접수된
것을 확인하였습니다.
이에 본 대학에서는
귀하가 입학 자격이
되지 않는다는
결론을……

이번에도
안 됐어요.

워런, 주식 투자에
인내가 필요하듯이
다른 일도 섣불리
판단하면 안 된단다.
끝까지 읽어 보아라.

후유.

결론을......
얻었으나
회의 끝에,

귀하의
열정을 높이 사
합격 통지를

보내는 바입니다.

합격이에요,
아버지!

녀석,
그것 봐라!
섣불리 판단하지
말랬지?

가치에 투자하기

'가치 투자'는 한마디로 기업의 가치를 보고 투자하는 것을
말합니다. 가치 투자에서 가장 중요한 것은 성장할 기업을
고르는 안목입니다. 워런 버핏은 좋은 기업을 고르기 위해
기업의 경영 상태를 알아볼 수 있는 문서인 재무제표를
꼼꼼하게 검토하고, 따로 기업의 경영자를 만나 의지를
확인하기도 했습니다. 이런 과정을 통해 앞으로 나아질 수
있다는 결론이 나면 확신을 가지고 투자했지요.

워런 버핏과 벤저민 그레이엄의 인연이 시작된
컬럼비아 대학교 ⓒ Andrew Chen

하나　복리와 단리 이해하기!

가치 투자를 하기 위해 산 주식은 금방 팔지 말고 오래
가지고 있어야 합니다. 시간이 지날수록 큰 수익을 낼 수
있거든요. 그 이유는 주식 투자가 복리로 계산되는 효과가
있기 때문이에요. 이자에는 '단리'와 '복리'가 있어요. 단리는
달마다 원금에 일정한 비율의 이자가 계속 붙는 것이고,
복리는 원금에 이자가 더해진 금액에 이자가 붙는 것입니다.
예를 들어 100원의 이자율 10퍼센트일 경우를 생각해 볼까요?

who? 지식사전

벤저민 그레이엄의 저서
《현명한 투자자》

벤저민 그레이엄

벤저민 그레이엄(1894~1976년)은 '가치 투자의 아버지'라 불립니다. 그는 1949년에 출간한 책
《현명한 투자자》에서 주식 시장을 하루하루 비교하며 보지 말고 먼 관점에서 보라고 조언했어요.
벤저민 그레이엄은 약 30년 동안 연평균 17퍼센트의 수익률을 올린 위대한 투자가였어요.
그가 가장 활발히 활동했던 시기가 세계의 경제가 휘청거렸던 '대공황'이었던 것을 생각하면 연
17퍼센트의 수익률은 정말 대단한 기록이랍니다.

원금 100원 이자 10%	복리	단리
1개월	110원	110원
2개월	121원	120원
3개월	133원	130원
4개월	146원	140원
5개월	161원	150원
6개월	177원	160원
7개월	195원	170원
8개월	214원	180원
9개월	236원	190원
10개월	260원	200원
11개월	286원	210원
12개월	314원	220원

〈복리와 단리의 비교〉

10퍼센트의 이자를 단리로 계산하면 이자는 매달 10원씩 붙습니다. 그런데 복리로 계산하면 10원의 이자가 붙은 금액에서 다시 이자가 붙어 총액이 더 늘어나게 됩니다. 왼쪽 표를 보면 처음에는 복리와 단리가 비슷했지만 12개월 뒤 큰 차이로 벌어진 것을 알 수 있지요. 벤저민 그레이엄은 주식을 오래 가지고 있으면 이처럼 복리 효과로 인해 큰 이익을 얻을 수 있다는 사실에 주목했어요. 그래서 가치 투자를 제안했던 거예요.

가치 투자를 위해서는 좋은 기업을 선택하는 것이 가장 중요하기 때문에 그는 좋은 기업을 알아보는 법에 대해 많은 연구를 했지요. 수제자 워런 버핏은 그것을 받아들였던 것입니다.

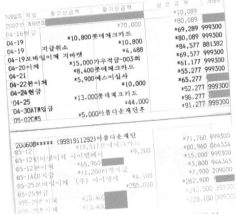

은행 거래를 하는 통장. 돈이 들어오고 나간 내역뿐만 아니라 매달 붙는 이자도 기록됩니다. © KIMSEUNGWON

위기에 처한 세계 경제, 대공황

대공황은 1929년부터 1939년까지 전 세계를 뒤흔들었던 경기 침체를 말해요. 1929년 10월, 월스트리트의 뉴욕 증권 거래소에서 주가가 대폭락하며 주식 시장이 붕괴되고, 이로 인해 미국의 경제는 걷잡을 수 없이 내리막을 걷게 됩니다. 불황은 유럽으로 번져 독일과 영국을 비롯한 여러 유럽 국가의 노동자들이 일자리를 잃고, 은행이 파산하는 등 전 세계가 휘청거렸답니다.

대공황의 불씨가 되었던 주가 대폭락 이후 뉴욕 증권 거래소로 모인 군중들

워런 버핏이 투자한 한국 기업. 포스코 ⓒ Deiz

가치 있는 기업 찾기!

사람에 따라 가치 있는 기업에 대한 기준은 분명 다를
거예요. 그래서 워런 버핏의 기준으로 가치 있는 기업을
찾아보겠습니다.

워런은 먼저 사람들이 많이 사용하는 물건을 만드는 기업에
투자했습니다. 콜라 회사는 전 세계 사람들이 콜라를 좋아하기
때문에, 건설사는 모든 사람들에게 집이 필요하기 때문에,
보험 회사는 대부분의 사람이 보험을 가지고 있기 때문에
투자했지요.

두 번째 기준은 기업의 경영자입니다. 워런은 경영자가
얼마나 건강한 생각으로 기업을 경영하고 있는지 면밀하게
관찰했어요.

세 번째 기준은 기업의 발전 가능성입니다. 워런은 기업의
재무제표를 통해 발전 가능성을 판단했어요. 기업의 회계
보고서인 재무제표에는 그 기업이 낸 성과와 현재의 재정
상태가 모두 들어 있기 때문이지요.

가치 투자로 성공하기!

미국 뉴욕에 있는 아메리칸 익스프레스의
건물

아메리칸 익스프레스: 신용 카드로 유명한 기업 아메리칸
익스프레스는 1963년 사기를 당해 수억 달러의 손실을
냈어요. 그러자 주주들은 주식을 팔기 시작했고, 자연히
주가도 떨어졌지요. 그러나 워런 버핏은 아메리칸
익스프레스가 이 위기를 극복할 능력이 있는 기업이라고
생각했습니다. 모두가 이 기업의 주식을 팔 때 워런은
적극적으로 주식을 사들였어요. 2년 뒤 정말로 아메리칸
익스프레스는 훌륭하게 위기를 극복했답니다. 그 2년 동안
주가는 3배로 뛰었고 워런의 가치 투자는 성공을 거두었어요.

시즈캔디: 1972년, 워런 버핏은 시즈캔디를 인수합니다. 시즈캔디의 변함없는 운영 방식에서 이 회사의 가치를 발견했기 때문이에요.

시즈캔디는 직원들이 일일이 사탕을 직접 포장하는 방식으로 제품을 만들었어요. 그래서 1921년 설립 이후 포장 용기도, 맛도 품질이 그대로였지요. 하지만 1970년대 이후에 1972년에 시즈캔디는 주목받지 못하는 낡은 사탕 회사일 뿐이었어요. 사람들은 시즈캔디가 시대에 뒤처지는 옛날 운영 방식으로는 오래 못 버틸 거라고 생각했지요. 그러나 지금 시즈캔디의 한 해 매출액은 수억 달러에 달한답니다. 워런의 판단이 옳았던 거죠.

워런 버핏이 인수한 시즈캔디

버펄로 뉴스: 1977년, 워런 버핏은 적자로 허덕이던 〈버펄로 뉴스〉를 인수해요. 신문 배달을 했던 워런의 눈에 〈버펄로 뉴스〉는 언젠가는 성공할 신문으로 보였습니다. 그러나 〈버펄로 뉴스〉는 오랫동안 적자를 벗어나지 못했어요. 일요일자 신문에 사은품을 제공했다가 경쟁지인 〈쿠리어 익스프레스〉에 소송을 당하기도 하지요. 하지만 결국 워런은 성공합니다. 1982년 〈쿠리어 익스프레스〉가 사업을 접으면서 〈버펄로 뉴스〉가 부자들이 모여 사는 뉴욕 서부의 신문 시장을 지배하게 된 거예요.

워런 버핏이 투자한 신문 〈버펄로 뉴스〉의 1면 ⓒ Tkgd

who? 지식사전

작문상을 받은 워런 버핏

워런 버핏은 2005년에 '전미 가족-학교-대학 작문 위원회'에서 주는 작문상을 받았어요. 그가 상을 받은 글은 다름 아닌 주주들에게 보내는 '연례 보고서'였어요. 수상의 이유는 연례 보고서가 주주들이 이해하기 쉬운 말로 쓰였다는 것이었지요. 워런 버핏은 매년 초에 자신이 설립한 지주 회사 버크셔 해서웨이의 주주들에게 연례 보고서를 보내는데 20페이지가량 되는 이 보고서에는 버크셔 해서웨이가 한 해 동안 투자했던 결과와 세계 경제에 대한 분석이 들어 있답니다. 어떤 투자가들은 일 년에 한 번 발행하는 이 보고서를 받기 위해 버크셔 해서웨이의 주식을 사기도 하지요.

5 다시 오마하로

1951년 워런은 컬럼비아 경영 대학원을
수석으로 졸업하였습니다.
컬럼비아 경영 대학원 역사상
최고의 성적이었습니다.

졸업 후, 워런은 뉴욕에서 일했습니다.

아버지,
웬일이세요?

워런, 뉴욕 생활은
재미있니?

아니요.
여긴 너무 복잡해요.
전 고향이 더 좋아요.

그래? 그렇다면 내 회사로 올 생각은 없니? 너 같은 유능한 *중개인이 필요하거든.

당연히 환영이죠, 아버지!

워런은 오마하로 돌아가 아버지의 주식 중개 회사인 '버핏 포크 앤드 컴퍼니'에서 일하게 되었습니다.

지금 이 회사는 얼핏 보기엔 좋아 보이지 않습니다. 하지만 앞으로 성장할 가능성이 높은 가치 있는 회사예요.

에이, 자네 말은 다른 직원들 말과는 다르구먼. 솔직히 이 회사를 추천하는 사람은 자네밖에 없을 걸세.

회사의 가치를 보고 투자하면 당장 이익을 보기는 힘들겠지만 1~2년 후엔 반드시 결실을 맺게 될 겁니다.

*중개인: 다른 사람의 의뢰를 받아 대신 매매를 하여 이에 대한 수수료를 받는 이

일단 알겠네.
나중에 다시 들르지.

사람들은 워런과 상담을 하다가도 마지막엔 그냥
돌아가기 일쑤였습니다. 몇몇을 제외하고 대부분의
사람은 워런이 추천하는 회사에 투자하지 않았습니다.

......

하하, 자네 말을 들으니 확신이 생기는군.
역시 저 친구 말은 듣지 않기를 잘했어.

워런 말이죠?
저 친구는 매번
들어 보지도 못한
회사에 투자하라고
하죠.

앞으로가 어느 정도지?

한 1~2년 정도요?

1~2년은 고객들이 기다리기엔 무척 긴 시간이다. 물론 인내를 가지고 주식 투자를 하는 모습은 좋다만,

그렇게 해서는 고객들이 찾지 않을 거고 결국 넌 직장을 잃게 될 거야.

그래서 말인데 적당한 선에서 고객들과 타협하면 어떻겠니?

타협이라뇨?

당장 눈에 보이는 성과를 올리는 주식을 함께 소개하는 거지.

아버지, 적긴 하지만 저를 찾는 고객도 있어요. 이제 와서 새로운 고객을 얻기 위해 투자 방식을 바꾸는 건 저를 믿고 있는 지금의 고객들에게 실례되는 일이라고 생각합니다.

주위에서 걱정했지만 워런은
현실과 타협하지 않고 자신만의
투자 방식을 지켰습니다.
그리고 어느덧 2년이 지났습니다.

여보게, 나 기억하는가?

아, 네. 기억합니다.

자네가 소개해 줬던 회사 말이야.
그 통신사.

네.

그 주식이 지금은 두 배가 넘게 뛰었더군. 자네 말을 들었다면 난 지금쯤 부자가 되었을 걸세. 그래서 말인데……

자네가 새로운 회사를 추천해 주게.

그럼 여기는 어떠세요?

어디?

2년 뒤, 워런은 주식 중개장의 인기인이 되었습니다. 워런이 지목한 회사마다 주가가 큰 폭으로 올랐기 때문입니다.

오랜 시간 자신만의 투자 방식을 지켜 온 것이
드디어 인정받는 순간이었습니다.

워런의 뛰어난 능력을 보고
모교인 네브래스카 대학에서
사회 교육 프로그램 중 투자에 대한
강의를 맡아 달라는 요청이 들어왔고,
워런은 기꺼이 승낙했습니다.

몇 년 사이에 학교가 많이 바뀌었네.
강의실이 어디지?

사회 교육 프로그램은 지역 주민이나 일반인을 위해 개설된 강의로
수강생들의 평균 연령이 40대 후반이었습니다.

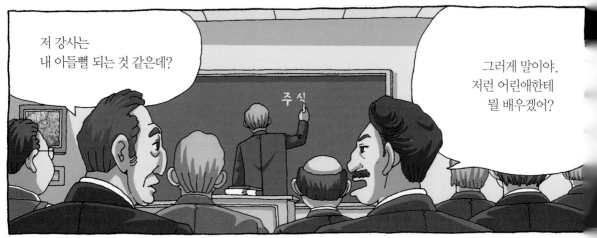

워런은 열심히 강의했지만
수강생들은 어린 그를 우습게 보았습니다.
날이 갈수록 수강생은 줄어들어 어떤 날은
단 네 명이 강의를 들으러 온 적도 있었지요.

휴, 제 강의가 여러분께는
별 가치가 없나 보군요.

하지만 약속은 약속.
적어도 전 여러분과 한
약속을 지키겠습니다.
오늘 강의 내용은
'어떤 회사에 투자해야
하는가'입니다.

주식 강의에서 회사 이야기가 나오니
어리둥절한 분도 있을 겁니다.
많은 분이 주식의 가격만 보고
투자를 결정하기 때문입니다.

하지만 사실 주식 투자는 회사부터 봐야 합니다. 그 회사가 얼마나 성장할 수 있는가를 보고 투자한다면,

지금 당장 성과를 보기는 어렵겠지만 가까운 미래에 분명 큰 수익을 낼 것입니다. 좋은 회사는 반드시 성장하고 그런 회사의 주식은 높은 가치를 가지니까요.

투자는 먼 곳을 내다보며 해야 합니다. 인내를 가지고 기다릴 줄 알아야 하죠. 이것이 가치 투자입니다.

투자엔 인내가 필요하단다. 네 결정에 믿음을 가지고 기다려야 해.

워런의 강의는 점점
사람들에게 인정받기 시작했습니다.

이봐, 존.
강의에 왜 안 나오는 거야?

강의?
그 어린애가 하는
수업 말이야?

나이는 어려도 실력은 굉장해.
어제는 가치 투자에 대해
배웠는데 대단했지.

그뿐인 줄 알아?
워런이 투자하는 주식마다
상한가를 치고 있대.
주식 중개장에서는 꽤
유명한 사람이던걸?

그게 정말이야?

워런은 시간이 지날수록 실력 있는 강사로 소문났습니다. 결국 강의가 끝날 무렵에는 강의실이 수강생들로 꽉 찼고 워런은 성공적으로 강의를 마칠 수 있었습니다.

우리 주변의 경제

우리가 살아가는 데 필요한 것을 생산하거나 소비하는 것과
관련된 모든 활동을 '경제 활동'이라고 합니다. 우리 주변의
경제 활동은 어떻게 이루어지는지 알아봅시다.

돈을 내고 극장에서 공연을 보는 것도 소비 또는 지출
이라는 경제 활동입니다. ⓒ Theefer

하나 ⟩ 가정 경제

경제 활동은 우리가 생활하는 곳곳에서 일어납니다.
여러분이 문방구에서 연필을 사는 것도 돈을 소비하는
경제 활동이지요. 여러 가지 경제 활동 중 우리와 가장
가까운 가정의 경제 활동에 대해 이야기해 봅시다.

가정의 소득과 소비: 먼저 가정의 소득은 어디서 오는지
알아볼까요? 부모님이 직장에 다닌다면 부모님의 급여가
소득이 돼요. 부모님이 장사를 한다면 장사를 해서 번 돈이
소득이 됩니다. 이렇게 얻은 소득으로 우리는 먹을 것도
사고, 학용품도 사고, 세금도 내고, 또 영화도 봅니다. 이런
활동들을 '소비' 또는 '지출'이라고 해요.

가정 경제와 직업: 농부, 운동선수, 미용사, 공무원……
사람들은 왜 직업을 갖는 걸까요? 일을 해서 소득을 얻고,
그 소득으로 경제 활동을 하기 위해서랍니다. 직업은 가정
경제에도 큰 영향을 미쳐요. 직업을 통해 얻은 소득으로
가정에서 필요한 것을 소비하니까요.

프로 농구 선수가 농구 경기를 하는 것은
직업 활동입니다.

가정 경제와 자영업: 자신이 직접 경영하는 사업을
'자영업'이라고 해요. 부모님이 문방구나 신발 가게 같은 상점,
또는 공장이나 기업 등을 운영한다면 부모님은 자영업을
하시는 거예요. 자영업자 역시 자영업으로 얻은 소득 중에서

많은 부분을 가정에서 소비해요. 그러므로 자영업과 가정 경제의 관계도 무척 중요하답니다.

식료품 시장에서는 여러 식료품 회사가 경쟁하고 있습니다. ⓒ Lyzadanger

둘   시장 경제

시장 경제에서의 '시장'은 기업들끼리 서로 경쟁하며 경제 활동을 벌이는 추상적인 공간을 일컫는 말입니다.

시장이란?: 기업은 상품을 만들어 매장에 팔아요. 소비자는 매장에 가서 필요하거나 마음이 드는 상품을 사지요. 이렇게 사고파는 활동이 일어나는 곳을 통틀어 '시장'이라고 해요. 시장은 소비자와 판매자를 만나게 하는 연결 고리이며 기업들끼리 경쟁을 벌이는 무대이기도 해요.

경쟁하는 기업: 기업은 매출을 올리기 위해 서로 경쟁해요. 그래서 질 좋은 상품을 개발하고, 제품 가격을 낮추고, 사은품을 선물하는 등 여러 가지 활동을 하지요. 기업들끼리의 공정한 경쟁은 결국 소비자에게 이익으로 돌아옵니다.

광고와 홍보: 기업은 돈을 들여 제품을 광고하고 여러 가지 홍보 활동을 펼칩니다. 소비자에게 자신의 제품을 알려 더 많이 판매하기 위해서예요.

1890년대 코카콜라의 포스터 광고

who? 지식사전

광고의 역사를 바꾼 인쇄 혁명

광고는 오늘날 시장 경제에서 매우 중요한 역할을 해요. 소비자가 상품을 만나는 첫 번째 관문이기 때문입니다. 독일의 인쇄 기술자 구텐베르크(1397~1468년)가 발명한 활판 인쇄술은 인쇄 혁명을 일으켰고, 인쇄 혁명으로 광고의 역사는 새롭게 쓰였답니다. 새 활판 인쇄술 덕분에 광고물이 엄청나게 늘어난 거예요. 때마침 발달하기 시작한 교통도 여기에 힘을 보탰어요. 한층 발전한 교통은 광고물을 더 멀리, 더 빨리 퍼뜨렸습니다.

셋 국가 경제

국가도 가정이나 기업처럼 경제 활동을 합니다. 국가의 경제 활동 목적은 국가 전체의 이익이에요. 이런 면에서 가정과 기업의 경제 활동 목적과는 조금 다르답니다.

세금

가정에서는 직업을 통해 소득을 얻습니다. 그렇다면 국가는 어디에서 소득을 얻을까요? 바로 '세금'입니다. 국가는 국민들이 낸 세금으로 국민들이 편히 살 수 있도록 길도 넓히고, 복지 시설도 만들고, 학교도 짓습니다.

국가가 국민의 세금으로 지은 인천 국제공항

무역

무역은 국가의 중요한 경제 활동이에요. 국가는 우리에게 필요하거나 부족한 물건은 외국에서 사 오고, 필요하지 않거나 너무 많은 물건은 외국에 팝니다. 이런 활동을 각각 '수입'과 '수출'이라고 해요. 또 나라끼리 물건을 사고파는 활동을 '무역'이라고 하지요. 무역 활동은 국가의 이익과도 연관이 깊어요. 그래서 더 많은 기업이 상품을 수출할 수 있도록 정부에서 지원하기도 한답니다.

who? 지식사전

2010 상하이 엑스포. KOTRA는 상하이 엑스포에서 한국관을 운영하며 우리나라를 세계에 알렸습니다. ⓒ Cesarexpo

대한무역투자진흥공사 KOTRA

KOTRA(코트라, Korea Trade-investment Promotion Agency)는 1962년에 설립한 국가 무역 진흥 기관으로서 우리 기업의 수출을 지원하는 일을 하고 있어요. 전 세계 86개국에 126개의 코리아 비즈니스 센터를 두어 우리 기업의 해외 진출을 돕고 있지요. 해외 투자를 끌어오는 일도 KOTRA의 주요 업무예요. 1998년, IMF로 국가가 경제적 위기에 빠졌을 때 KOTRA는 외국인 투자 유치 전담 기구인 'Invest Korea'를 만들어 해외 투자를 성사시키기 위해 노력했습니다.

국가의 활약

글로벌 시대를 맞아 우리 기업도 해외로 많이 진출하고
있습니다. 정부는 이러한 기업들에게 지원을 아끼지 않고
있어요. 또한 우리 기업이 가지고 있는 중요한 기술이
해외로 빠져나가지 않게 감시, 감독하는 일도 하지요.
때로 국가는 직접 사업을 벌이기도 합니다. 보다 활발한
기업 활동을 통해 일자리를 만들고 국민이 안정된
생활을 누릴 수 있게 하기 위해서지요.
국가가 직접 참여한 사업의 예로 한국 고속
철도(KTX)를 들 수 있어요.
한국 고속 철도는 프랑스의 고속 철도인 테제베(TGV)의
기술에 바탕을 두고 있어요. 우리나라는 이 기술을
들여오기 위해 정부 관계자들이 직접 프랑스 대표와
만나 협상을 벌였지요. 그리고 12년 동안의 공사를
마치고 2004년 일부 구간이 처음 운행된 뒤부터
지금까지 국민들의 수송을 담당하고 있어요. 이렇게
국가는 국가 전체의 이익을 위해 활발한 경제 활동을
하고 있습니다.

한국 고속 철도 ⓒ Subway06

한국 고속 철도의 내부 모습

고속 열차, KTX

평균 시속 300km로 운행하는 KTX는 항공과 선박에 비해 날씨의 영향을 적게
받고, 자동차에 비해 환경을 오염시키지 않는다는 장점이 있습니다. 하지만 기존
교통수단보다 편리해진 KTX로 인해 서울에서 지방으로 출퇴근하는 KTX 통근족이
늘어나거나 수도권의 영향력을 더 크게 했다는 지적도 받고 있습니다.

2004년 첫 운행을 시작한 KTX는 전국적으
로 다양한 노선을 늘려 가고 있습니다.

6 꿈을 이루다

워런 버핏은 종종 작은 실패를
겪기도 했지만 대부분의 투자마다
성공하며 승승장구했습니다.
그는 결혼해서 가정을 꾸렸고,
스물여섯 살에는 무려 15만 달러의
재산을 가지게 되었습니다.

스물여섯 살의 워런은 자신의 이름을 건 '버핏 투자 조합'을 만들었습니다. 투자 조합이란 여러 사람이 돈을 모아 투자를 하고 수익을 나눠 가지는 모임입니다. 이 투자 조합에는 누나 도리스를 비롯한 워런의 친구 여섯 명이 모였습니다.

먼저 투자 조합을 만들자는 저의 제안에 동참해 주신 여섯 분께 감사드립니다.

저를 믿고 투자를 맡겨 주시면 최소한 연 4퍼센트의 수익을 보장해 드리겠습니다.

워런, 한마디로 우리가 내는 돈을 네가 마음대로 쓰겠다는 얘기니?

맞아, 누나. 내가 어떻게 투자하는지 간섭하면 안 돼. 대신 어떻게 해서든 이익을 나눠 줄게.

난 뭐 가족이니까 믿을게.

워런, 우린 네 친구들이야. 당연히 믿어.

감사합니다. 버핏 투자 조합의
미래를 위해, 건배!

그런데 워런, 콜라는 이제
그만 마실 때도 됐지 않니?

하하하~

버핏 투자 조합의 수익률은 놀라웠습니다.
첫해 10퍼센트의 수익을 시작으로 5년 뒤에는
무려 251퍼센트의 수익을 올렸습니다.
일곱 명이었던 조합원도 어느새 90여 명으로
늘어나 있었습니다.

수전, 수전!

무슨 일이에요,
여보?

수전, 버핏 투자 조합의 자산이
720만 달러가 됐어!
그중에 내 몫이 얼마게?

그, 글쎄요?

백만 달러라고!
백만 달러!

배, 백만
달러요?

까
짝

워런 버핏은 백만장자가 되었습니다.
겨우 서른두 살 때의 일이었습니다.

축하해요, 워런!

드디어 내 꿈을 이뤘어.
백만장자가 되었다고!
하하하.

당신의 노력이 드디어
결실을 맺었군요.
그런데 이젠
뭘 할 거예요?

글쎄……

사실 너무 빨리 꿈을 이뤄 버렸어. 앞으로의 계획은 세우지도 못했는데.

당신은 돈을 모으는 데 소질이 있으니 억만장자를 목표로 하는 건 어때요?

하하, 그건 너무 단순해. 그것보단 부의 비밀을 연구해 보겠어.

부의 비밀을 깨닫게 된다면 난 세계 최고의 부자가 될 수도 있을 거야.

워런이 실패 없이 성공 가도를 달리고 있던 어느 날이었습니다.

예? 뭐라고요?

아버지를 무척 따르고 사랑했던 워런에게
아버지의 죽음은 크나큰 슬픔이었습니다.

이후 워런은 아버지를 영원히
기억하겠다는 의미로 아버지의
초상화를 사무실에 걸어 놓고
일했습니다.

내가 가지고 있는 주식도
계속 가지고 있어도 되는 건지
판단이 서지 않아.

그렇다고 아무것도
안 할 거야?

널 믿고 있는
조합원들은 어쩌고?

그렇지 않아도 조합원들이
나에게 너무 큰 기대를 걸고 있어서
부담감이 컸어. 생각해 봤는데
이번이 내겐 기회인 것 같아.

기회라니?

워런버핏

가지고 있는 주식을
모두 팔 거야.
그리고 버핏 투자
조합은 해체하겠어.

뭐라고?

우르르

워런, 투자 조합을 해체한다니 무슨 소리야?

이렇게 많은 수익을 내고 있는데 갑자기 왜?

난 이제 다른 방식으로 투자할 생각이야.

그게 뭔데?

우리도 끼워 줘.

지금 주식 시장에서는 진짜 가치 있는 회사가 어디인지 찾아내기가 어려워.

이런 비정상적인 시장에서는 가치 있는 기업조차 잘못된 평가를 받게 된단 말이야.

난 그런 기업들을 찾아낼 거야. 그래서 올바른 평가를 받을 수 있도록 살려 내겠어.

올바른 평가?

잘 모르겠거든 그냥 버크셔 해서웨이의 주식을 사. 내 투자는 그 회사를 통해 이뤄질 테니까.

버크셔 해서웨이? 거긴 망해 가는 섬유 회사잖아?

맞아, 아무도 신경 쓰지 않는 회사지. 그래서 선택한 거야.

무슨 소리니? 워런, 좀 쉽게 설명해.

버핏 투자 조합은 너무 유명해졌어. 이젠 다른 투자자들이 버핏 투자 조합을 보고 따라 할 정도라고.

많은 사람이 한 방향으로 투자하면 수익률이 떨어져. 수많은 조합원의 수익을 책임지는 나에겐 부담스러운 일이지.

......

그래서 사정이 어려운 버크셔 해서웨이 회사도 살리고 내 존재도 들키지 않는 방법을 찾아낸 거야.

그날 이후 워런은 새롭게 투자할 곳을 찾기 시작했습니다.

사회에 공헌하고 바른 기업 윤리를 지키면서도 가치를 제대로 인정받지 못하는 훌륭한 기업이 있을 거야.

아, 여기다!

게이코보험
GEICO INSURANCE

보험에 가입하려고 왔는데요.
어디서 상담해야 하죠?

고객님, 저희도 보험에
가입시켜 드리고 싶지만
지금 회사 사정이 좋지
않습니다. 그래도
가입하시겠습니까?

회사 사정이 안 좋아요? 경영자가
형편없는 분인가 보군요.

그렇지 않아요. 사장님은
좋은 분이시고 회사를
살리기 위해 밤낮으로
뛰어다니신
답니다.

그럼 회사가
이렇게 될 리가
없잖아요?

일반 보험사들은
사고 위험이 높은 분들에게는
보험을 들어 주지 않습니다.
하지만 우리 보험사는
그런 분들에게도 보험을
들어 주었죠.

사실 그런 분들이야 말로
보험이 정말 필요하거든요.
하지만 사고로 다치는 고객이 많아져
보험금 지급액이 늘어났답니다.
그게 자꾸 쌓이다 보니 돈이
모자라게 된 거고요.

더 많은 사람에게 보험 혜택을
주려다가 회사가 어려워진 거군요.

예, 그렇습니다.

좋아요. 이 회사는
살릴 가치가 있군요.

네? 그게
무슨 말씀이시죠?

워런은 게이코 보험에 400만 달러를
투자했습니다. 덕분에 게이코 보험은
재정이 안정되었고 그동안 가입을
망설였던 사람들은 다시 게이코 보험에
가입하기 시작했습니다. 워런은
가치 투자를 통해 파산 직전인 게이코
보험 회사를 살려 냈습니다.

하하, 정말 다행이야!

하지만 이 정도로 만족할 수 없어. 또 다른 회사를 찾아야 하는데…….

새로운 회사를 찾던 워런은 어느 날 고향 오마하에 있는 작은 가구 회사를 발견했습니다. 워런은 자신의 정보가 정확한지 알아보기 위해 직접 가구 회사의 창립자가 일하는 매장을 방문했습니다.

계십니까?

어서 오세요, 손님. 어떤 가구를 보여 드릴까요?

아, 할머니. 몸도 불편하신데 직접 물건을 파시는 거예요?

그럼요, 여긴 내가 평생을 바친 곳이니까요. 오히려 즐겁기만 한걸요.

지금은 이렇게 매장을 지키고 있지만 얼마 전까지만 해도 회사를 직접 운영했다오.

아, 그럼 할머니가 이 회사의 창립자이시군요!

맞아요. 난 경영에서 손을 뗐지만 아들이 싸고 품질 좋은 가구를 만들기 위해 밤낮없이 노력하고 있지요.

사는 사람 입장에서는 정말 좋긴 한데, 좋은 물건을 싸게 팔면 이익이 거의 없지 않나요?

사실 요즘 상황이 안 좋아요. 내일 망해도 이상할 게 없는 위태로운 상황이라오.

이런, 55년간 일구었던 회사의 문을 닫는다고 생각하니 갑자기 눈물이 나는군요. 미안해요.

아직은 기회가 있잖습니까? 너무 상심하지 마세요.

물론이죠. 손님도 써 보면 알겠지만 절대 후회하지 않을 거예요. 자, 둘러봐요.

할머니, 나중에 다시 올게요. 가구가 좀 많이 필요해서요. 구매 목록을 만들어야겠어요.

워런!

누나 왔어?

네가 이상한 가구 회사에 투자할 거라는 소문이 있던데 사실이니?

'네브래스카 퍼니처 마트' 말하는 거야? 그렇지 않아도 내일 주주 모임에서 얘기하려고 했어.

얼마나 투자할 건데?

6,000만 달러.

뭐, 6,000만? 작은 회사에 그렇게 큰돈을?

내가 기업 하나에 투자하는 액수로는 아마 최고일걸?

아무래도 이번에는 널 말려야겠다! 다들 걱정이 많다고.

그곳은 내 시험을 통과했어. 난 확신이 있어.

네 시험? 그게 뭔데?

당장 눈에 보이는 기업의 실적보다 그 기업의 정신을 알아보는 거야.

네브래스카 퍼니처 마트의 경영자는 돈을 위해 회사를 운영하지 않아.

말도 안 돼.
그런 회사가
어디 있어?

여기 있잖아. 창립자 가족은
돈보다 고객들이 좋은 가구를
싼 가격에 이용하는 것을
더 중요하게 여기고 있었어.
그러다 보니 회사의 수익은
점점 줄어들 수밖에 없었고.

이런 회사야말로 내가 찾던 바른 정신을 가지고
경영하는 회사야. 그리고 난 회사에만
투자한 게 아니야.

그럼? 어디에 또
투자했는데?

바른 정신을 가진 경영자들에게도 투자한 거야.
이들은 틀림없이 회사를 올바른 방향으로 이끌어 갈 거야.

그러니까 걱정하지 말라고.

방금 뭐라고 하셨죠?

투자를 하겠다고요?

예, 가구 회사의 경영엔 일체 간섭하지 않겠습니다. 사장님께서는 지금까지 하던 대로 정성을 다해 회사를 운영하시면 됩니다.

워런은 이 이름 없는 가구 회사에 무려 6,000만 달러를 투자했습니다. 우리나라 돈으로 650억 원이나 되는 큰돈이었지만 워런은 아깝지 않았습니다. 이런 일들이 반복되면서 워런은 '오마하의 현인'이라는 별명을 얻게 되었습니다.

버크셔 해서웨이-네브래스카 퍼니처 마트 투자 조약 체결식

세계를 움직이는 경제인

하나 | 경영자 잭 웰치

미국의 기업인 잭 웰치는 어린 시절 말을 더듬어서 곧잘
주눅이 들었습니다. 하지만 "어떤 일에도 당당히 맞서라."라는
어머니의 가르침에 용기를 얻었어요. 1960년, 25살의 청년
잭은 미국의 전기 기기 회사인 제너럴일렉트릭(GE)에
입사해요. 잭은 창의적인 아이디어와 뛰어난 업무 능력을
인정받아 회사에 들어간 지 21년 만에 최고 경영자의 자리에
오릅니다. 회사 경영이 어려울 때도 있었지만 잭은 이를
잘 극복하고, 이후 '식스 시그마'라는 전략을 시행합니다.
식스 시그마는 품질 혁신과 고객 만족을 위해 전 회사가
한 몸처럼 움직인다는 전략이에요. 이 전략이 성공하여
제너럴일렉트릭의 기업 가치는 4,500억 달러로 상승합니다.
잭이 최고 경영자로 처음 취임했을 때보다 무려 40배나
늘어난 액수였지요. 경영의 달인으로 불린 잭 웰치는 2001년
최고 경영자의 자리에서 물러나요. 이후, 영국의 〈파이낸셜
타임스〉는 잭 웰치를 '세계에서 가장 존경받는 경영인'으로,
제너럴일렉트릭을 '세계에서 가장 존경받는 기업'으로
선정했습니다.

경영의 달인 잭 웰치(1935~2020년)

who? 지식사전

식스 시그마 전략을 처음 실천한 기업
모토로라 ⓒ kevin dooley

품질 혁신 운동, 식스 시그마

식스 시그마는 기업에서 고객에게 완벽한 서비스를 제공하기 위해 세우는 경영
전략이에요. 기업이나 조직 안에서 생기는 다양한 문제를 구체적으로 정리한 다음,
이것을 해결하는 과정을 체계화시키는 방법이지요.
식스 시그마는 1980년대 말 미국의 통신 기기 제조업체 모토로라에서 품질 불량의
원인을 찾고 효과적으로 해결하려는 노력에서 만들어졌어요.

둘 주식 투자가 피터 린치

피터 린치는 '월스트리트의 전설'이라고 불리는 미국의 펀드매니저입니다. 펀드란 '여러 명이 투자한 기금'이란 뜻이에요. 펀드매니저는 투자자들에게 수익을 줄 목적으로 펀드를 운영하는 사람이지요. 펀드매니저의 주요 펀드 운영 수단 중 하나는 주식 투자입니다.

와튼 스쿨에서 석사 학위를 받은 피터 린치는 1977년부터 '마젤란 펀드'를 운영했어요. 맨 처음 이 펀드의 자산은 2,200만 달러, 보유 종목 수는 40여 개 정도였습니다. 그러나 피터가 은퇴한 1990년에는 펀드 자산이 140억 달러, 보유 종목 수가 1,400여 개에 달했습니다. 피터가 운영한 펀드는 연평균 29퍼센트의 수익률을 올렸으며 13년간 단 한 번도 손해를 보지 않았어요. 이것은 월스트리트에서 전무후무한 기록입니다.

피터 린치와 워런 버핏 사이에는 공통점이 있어요. 그것은 지금은 낮은 평가를 받지만 앞으로 높은 평가를 받을 수 있는 주식을 찾기 위해 노력했다는 점이에요. 곧 가치 투자의 원칙에 따라 주식 투자를 했다는 것입니다.

월스트리트의 전설 피터 린치(1944년~)

1969년 피터 린치가 입사한 미국 보스턴에 있는 피델리티 인베스트먼트. ⓒ Grk1011

미국 최초의 비즈니스 학교, 와튼 스쿨

워런 버핏은 아버지의 권유로 와튼 스쿨에서 경영학을 공부해요. 하지만 학교생활에 적응하지 못하고 결국 중간에 그만두고 맙니다.

와튼 스쿨은 펜실베이니아 대학교 내에 있는 경영 대학원이에요. 세계 최고의 경영 대학원으로 손꼽히며, "세계의 경제는 와튼 스쿨 출신들이 좌우한다."는 말이 있을 정도로 많은 인재들이 모여드는 곳이지요.

와튼 스쿨의 교정 ⓒ Bruce Anderson

셋 **기업가 빌 게이츠**

부유한 가정에서 자란 빌 게이츠는
미국 최고의 대학인 하버드 법대에
진학합니다. 그런데 컴퓨터에 푹
빠지는 바람에 법대를 그만두어요.
그리고 1975년에 컴퓨터 회사인
마이크로소프트를 만들었어요. 이때
빌은 고작 20살의 청년이었지요.

미국 레드몬드에 있는 마이크로소프트
정문의 간판

빌은 컴퓨터 운영 체제인 MS-DOS와 윈도를 개발하여
일반 사람들도 컴퓨터를 쉽게 사용할 수 있도록 했습니다.
이 두 프로그램은 빌 게이츠를 세계 최고의 부자로 만들어
주었어요.
그런데 자신이 좋아하는 일에 푹 빠져 지내던 빌
게이츠에게 변화가 찾아옵니다. 아프리카에 갔다가
굶어 죽는 아이들을 본 뒤 자선 사업에 눈뜨게 된
거예요. 2000년, 빌은 아내와 함께 '빌 앤 멀린다 게이츠
재단'이란 자선 단체를 세웁니다. 그리고 2008년부터는
마이크로소프트의 회장 자리에서 물러나 자선 사업에만
집중하고 있습니다.

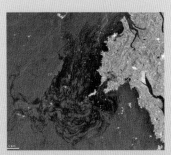

빌 게이츠와 그의 아내 멀린다 게이츠

who? 지식사전

기업 책임

'기업 책임'이란 쉽게 말해 기업이 책임을 지고 해야 할 일이에요. 크게 '재해
책임'과 '사회적 책임'으로 나뉘지요.
먼저 기업의 '재해 책임'이란 기업이 남에게 입힌 손해를 배상하는 책임이에요.
2007년 태안 앞바다에서 일어난 기름 유출 사고를 아시나요? 해상 크레인과
유조선이 충돌하여 유조선의 기름이 바다를 뒤덮은 사고였지요. 이때 기업 책임에
따라 유조선을 소유한 기업은 태안 주민들에게 손해를 배상해야 했답니다.
기업의 '사회적 책임'이란 기업이 사회에 대하여 지는 책임이에요.

기름이 덮인 태안의 바다를 찍은 위성 사진

넷 ▸ 경영학자 피터 드러커

피터 드러커는 오스트리아 빈 출신의 미국인입니다. 작가이자
경영학자로 활동했는데, 정작 본인은 사회를 연구하고
관찰하는 '사회생태학자'라고 불렀어요.

피터 드러커는 경영학자로서 20세기 후반의 변화들을
예측했어요. 소련(옛 러시아)이 분열되리라는 것을 이미 10년
전에 경제 원리에 따라 예측했고, 일본의 경제 성장도 정확히
꿰뚫어 보았지요. 또한 단순 노동의 시대가 가고 지식 노동의
시대가 오리라는 것도 훤히 내다보았습니다.

현대 경영학의 아버지 피터 드러커(1909~2005년)

피터 드러커는 누구보다 기업가의 정신을 중요하게
생각했어요. 대부분의 경영자들이 기업은 '영리를 추구하는
조직'이라고 말했지만 피터 드러커는 '영리를 추구한다'는
말이 '기업'을 정의하는 데 적합하지 않으며 기업의 존재
이유는 '고객'이며 목적은 '시장'이라고 주장했어요. 기업
경영의 중심에 고객을 두고, 근로자를 자산으로 인식시키려
했다는 점이 피터 드러커가 현대 경영학에 남긴 가장 큰
업적으로 평가받고 있지요.

현대 경영학의 아버지로 존경받는 피터 드러커는 한국의 빠른
경제 성장에 깊은 인상을 받았다고 말하기도 했답니다.

식품 회사를 예로 들어 볼게요. 식품 회사는 해로운 식품을 만들거나
가격을 마음대로 올리면 안 돼요. 사실과 다른 과대광고를 해서도 안
되고요. 이런 행동들은 기업의 사회적 책임에 어긋나기 때문이죠.
그럼 자선 사업은 기업의 사회적 책임일까요? 자선 사업은 기업에게
강제로 규정된 사회적 책임은 아닙니다. 그러나 사회에서 번 돈의
일부를 사회에 돌려준다는 의미에서 기업이 자발적으로 자선 사업을
벌이기도 한답니다.

자원봉사자들이 태안의 바닷가를 덮은 기름을 제거하고
있습니다.

7 진정한 부자

워런은 계속해서 주식 투자를 하며 막대한 부를 쌓았습니다.
그리고 세계에서 1, 2위를 다투는 부자가 되었지요.

이번 달엔…….

네, 들어 오세요.

저, 여기가 워런 버핏 사무실이 맞습니까?

예, 제가 워런 버핏인데요.

정말인가요? 도저히 믿기지가 않아서 한참 동안 헤맸습니다.

그게 무슨…….

세계에서 다섯 손가락 안에 꼽히는 부자가 이렇게 허름한 곳에서 일하실 거라고는 생각도 못했거든요.

거기다 콜라와 햄버거로 끼니를 때우시다니요.

하하, 돈이 많다고 꼭 큰 사무실에서 비싼 음식을 먹어야 하는 건 아니잖소?

그렇긴 하지만 사람들은 보통 돈이 생기면 호화로운 생활을 하고 싶어 하잖아요.

그런가요? 그런데 무슨 일로 날 찾았소?

예, 이걸 전해 드리려고요. 빌 게이츠 씨가 보낸 파티 초대장입니다.

흠, 파티라?

꼭 참석해 주시면 감사하겠습니다.

1991년, 워런 버핏은
빌 게이츠를 처음 만납니다.
빌 게이츠는 마이크로소프트의
설립자이자 젊은 나이에 세계적인
부자가 된 사람이었습니다.

파티에서 콜라라니.
이런 자리가
익숙지 않은
분이신가 보군요.

뭐라고?
너 저 사람이 누군지
모르니?

안녕하세요,
워런 버핏 씨?

워, 워런 버핏 씨
라고요?

반갑습니다.
빌 게이츠 씨.

아, 안녕하세요.

그런데 콜라를
좋아하시나 봐요?

햄버거도 좋아하오.

하하,
이거 놀라운데요.
전 세계 제일의
부자가 콜라와
햄버거를
좋아할 줄은
몰랐어요.

간단하지만 이걸로도
식사가 충분하잖소. 그나저나 게이츠 씨,
당신을 무척 만나고 싶었소.

저를요?

그렇다오. 내 주변엔
젊은 친구가 거의
없거든. 하하하.

그렇다면
기꺼이 선생님의
친구가 되어 드리죠.

그럼 친구가 된 기념으로 몇 가지 질문을 해도 되겠소? 요즘 컴퓨터와 IT 분야가 떠오르던데 내가 그쪽으로 아는 것이 없어서.

그러고 보니 저도 컴퓨터와 프로그램을 만들기만 했지 컴퓨터를 모르는 사람을 위한 배려는 하지 못했던 것 같군요.

그럼 궁금한 걸 마음껏 물어도 되겠지?

물론입니다, 하하하.

워런과 빌 게이츠는 스물다섯 살의 나이 차에도 서로 잘 통하는 친구가 되었습니다. 빌 게이츠는 컴퓨터를 모르는 워런을 위해 《미래로 가는 길》이란 컴퓨터 입문서를 내기도 하였습니다.

빌 게이츠 부부와 워런은
함께 공연도 보고 식사도 하며
서로 잘 어울렸습니다.

선생님, 오늘 공연
어떠셨어요?

즐거웠어.
아주 즐거웠지,
하하.

좋은 공연을 보았으니
그 보답으로 저녁은
내가 사겠네.

여긴 콜라와 햄버거
보다는 비쌀 겁니다.

마음껏 들게나.
내 인생을
바꿔 준 사람에게
이 정도는 전혀
과하지 않아.

예? 인생이 달라졌다니요?

당신들은 나에게 새로운 세상을 보여 주었다오. 난 지금까지 그저 돈만 모으는 멍청이였거든.

제대로 쓰지도 않고 그냥 내가 가진 재산의 숫자가 늘어나는 게 좋아서 돈을 움켜쥐고만 있었지.

오늘 공연이 꽤 마음에 드셨나 보군요.

응, 이제 나도 삶을 제대로 즐기고 싶어!

하 하 하 하

그러던 어느 날 워런에게
새로운 충격을 주는 사건이 일어납니다.

응?

빌 게이츠, 2년 후 자선 사업에 매진할 것 선언!
굶주림과 질병으로 죽어가는 어린이들
아직도 수억 명

세상에,
이런 일을!

빌 게이츠의 자선 활동에 감명받은 워런은
빌 게이츠 부부가 운영하는 빌 앤 멀린다 게이츠 재단에
찾아갔습니다.

선생님, 여긴
어쩐 일이세요?
빌은 사무실에
있는데요.

아니, 오늘은 이 재단에
관심이 있어서 왔네.

우리 재단에요?
일단 제 방으로 오세요.

재단이 제법 크군.

네, 다양한 사업을 하기 위해서는
규모가 있어야 하거든요.

맞는 말이오.
큰돈을 운영하려면
단체도 커야지.
여기선 어떤
자선 사업을
하는가?

처음엔 미국의 빈민층에게
의료비와 학교 교육을
지원하는 일을 했어요.
요즘은 주로 아프리카에서
굶어 죽어 가는 어린이들을
돕지요.

아프리카?

네, 예전에 빌과 아프리카에 간 적이 있어요.
거기서 엄청난 충격을 받았죠. 제대로 먹지도 못하고
굶어 죽어 가는 아이들을 보았거든요.

그것이 저와 빌의
인생을 바꿔 놓았어요.
남편도 곧 자선 사업에
매진할 계획이에요.

지금 가진
재단의 돈으로
자선 사업을
하기에 무리가
없나?

워런, 돈은 모으는 것도 중요하지만 쓰는 것도 중요하단다. 그냥 모아만 둔다면 그건 너 혼자의 만족일 뿐 무슨 가치가 있겠니?

……

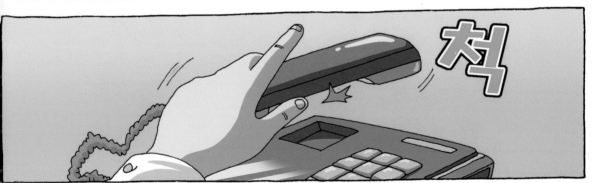

척

띠리리링

워런 선생님, 어쩐 일로 전화를 주셨어요?

370억 달러는 우리나라 돈으로 43조 원 정도 되는 큰돈이었습니다.

370억 달러.
370억 달러네.

그, 그게 정말이십니까? 그렇게 많은 돈을 한 번에 기부금으로…….

하하하, 부끄럽네.

선생님, 그럼 주식에서는 손을 떼시는 겁니까?

아니, 그건 내 즐거움인데 그럴 순 없지. 하지만 이제 내 인생의 또 다른 즐거움을 찾고 싶네!

또 다른 즐거움이요?

그래, 또 다른 즐거움! 이제 책상 앞에 앉아 주식 시세만 보고 있지는 않을 거야. 정말 멋진 인생을 살 거라네! 하하하하.

워런은 그의 말대로 평생 앉아 있던 책상에서 벗어나 인생을 즐기기 시작했습니다.

그는 자신의 새로운 재능을 발견했는데 그것은 연기였습니다. 워런은 '애니'라는 연극에서 연기를 했습니다.

또 '비밀 백만장자 클럽'이라는 어린이 경제 교육 애니메이션에서 주인공으로 목소리 연기도 했지요.

그는 아직도 콜라와 햄버거를 좋아합니다. 사치하는 법도 모르지요.
오마하의 사람들은 이렇게 검소하게 사는 워런을 사랑합니다.

세계 최고의 부자인데 옷 입은 것 좀 봐. 나보다 더 검소한 것 같아.

집은 어떻고? 수십 년 동안 변함없이 한 집에서만 살잖아. 돈을 허튼 데 쓰지 않는 분이라고.

그래, 기부를 370억 달러나 했으면서 말이야.

세계적인 경제지 〈포브스〉는 760억 달러의 재산을 가진 워런을 2017년 세계 최고의 부자 2위에 선정했습니다. 760억 달러는 우리나라 돈으로 약 86조 원에 해당하는 돈이지요.

하지만 워런 버핏이 사람들의 존경을 받는 이유는 돈을 많이 모았기 때문이 아닙니다. 단순히 돈을 벌기 위한 투자가 아닌, 사회에 공헌하는 투자라는 올바른 길을 제시하였기 때문입니다.

기부에 대한 워런의 관심은 자식들에게도 영향을 미쳤습니다.
아들 하워드와 피터, 딸 수지는 모두 자선 단체를 운영하고 있습니다.

그는 한적한 고향 오마하에서 남은 생을 살아가고 있습니다.
워런 버핏은 부를 나눌 줄 아는 부자였으며 평생 검소한 생활을
했습니다. 사람들은 이런 워런 버핏을 '오마하의 현인'이라고
부르며 사랑합니다.

who?와 함께라면 미래가 보인다

어린이
진로 탐색

애널리스트(주식투자분석가)

어린이 친구들 안녕?
워런 버핏 이야기 재미있게 읽었나요?

그렇다면 이제부터
워런 버핏이 꿈을 키워 가는 과정을 함께 되짚어 보며
그가 활동한 분야와 그 분야에 속한 다양한 직업에 대해
살펴봐요!

또한 여러분에게는 어떤 장점과 적성, 가능성이
숨어 있는지 찾아보면서
그것을 어떻게 진로와 연결시킬 수 있는지에 대해서도
알아봅시다.

그럼 지금부터
여러분이 멋진 꿈을 향해 나아갈 수 있도록 도와줄
진로 탐색을 시작해 볼까요?

자기 이해부터
진로 체험까지,
다양한 진로 탐색
활동을 시작해 봐요!

내가 이루고 싶은 것은?

워런 버핏은 어린 시절부터 돈을 버는 데 관심이 많았어요. 껌이나 콜라를 팔아서
돈을 모으면서도 더 많은 돈을 벌기를 꿈꾸었지요. 심한 열병에 걸렸을 때도
백만장자가 되겠다는 의지로 병을 이겨 내기도 했어요.
여러분도 워런 버핏처럼 훗날 이루고 싶은 것이 있나요? 그것이 무엇이고 언제
이루고 싶은지, 그러기 위해서 지금 내가 할 수 있는 일은 무엇인지 생각해 보세요.

> 야호~!
> 내가 원하는 대학에
> 합격했어!

나는 _____ 살 때

_____

_____을/를 이루고 싶습니다.

✳ **목표를 이루기 위해 할 일을 적어 보세요.**

내 관심과 관련된 과목은?

어릴 때부터 주식 거래에 흥미가 있었던 워런 버핏은 주식과 관련된 책을 찾아보곤
했어요. 그러다 벤저민 그레이엄의 책에서 '가치 투자'의 중요성을 알게 되었지요.
이것은 훗날 워런이 대학에서 경영학을 공부하게 되는 이유가 되었어요.
여러분은 어떤 것에 관심이 있나요? 그것과 관련된 공부 과목이 무엇인지
알아보세요.

* 내가 관심 있는 것을 적어 보세요.

예 나는 책 읽는 것을 좋아합니다.

----

* 관심 있는 것과 관련된 공부 과목을 적어 보세요.

과목

예 국어

진로
탐색
STEP 3

금융과 관련된 직업은?

워런 버핏은 애널리스트로서 큰돈을 벌었어요. 애널리스트란 주식 시장과
경제 상황을 여러 각도에서 분석하여 주식 투자 전략을 세우는 직업으로 '투자
분석가'라고도 부르지요. 금융 시장에는 애널리스트 외에도 다양한 직업이 있어요.
금융과 관련된 아래 직업들은 어떤 일을 하는지 조사해 보고, 알맞은
번호를 에서 찾으세요.

보 기

① 고객이 증권을 사거나 판다고 주문하면 그 조건과 맞는 다른 주문자를 찾아
증권 거래가 이루어지도록 한다.
② 고객의 신용이 괜찮은지 조사하여 고객과 거래할지 판단한다.
③ 돈을 어디에 어떻게 투자할지 분석하여 적절히 투자하고 이익을 올린다.
④ 고객에게 판매하는 예금, 적금, 주식 등의 상품을 개발한다.

A. 증권 중개인 [　]　　　　B. 펀드매니저 [　]

C. 금융 상품 개발자 [　]　　　　D. 신용 분석가 [　]

정답: A. ① B. ③ C. ④ D. ②

170

주식 투자 과정을 알아보아요!

워런 버핏의 이야기를 읽으면서 애널리스트가 하는 일을 알게 되었을 거예요.
그럼 이제 주식 투자 과정을 정리해 볼까요?
아래에 있는 주식 투자 과정을 읽고, 순서대로 적어 보세요.

A. 주가가 오르는지 내리는지 관찰한다.

B. 주식을 구입한다.

C. 투자하려는 기업을 조사한다.

D. 증권 거래 전용 통장을 만든다.

E. 주식을 팔지, 계속 가지고 있을지 결정한다.

D → C → (   ) → A → (   )

정답: D→C→B→A→E

애널리스트가 된다면?

워런 버핏은 기업을 평가할 때 사람들이 많이 사용하는 물건을 만드는지, 경영자가
얼마나 건강한 생각으로 기업을 경영하는지, 앞으로 발전할 가능성이 있는지를
기준으로 삼았어요. 애널리스트는 이렇게 나름의 기준에 따라 기업을 평가한 후
그 기업의 주식을 사는 것이 이익인지 아닌지를 고객에게 알려 줍니다.
만약 여러분이 애널리스트가 된다면 어떤 기준으로 기업을 평가할 건가요?
평가 기준을 자유롭게 적어 보세요.

✳ **기준 ①**

✳ **기준 ②**

✳ **기준 ③**

한국금융사박물관에 가 봅시다!

한국금융사박물관 안에는 금융에 대해 더욱 쉽고 재미있게 배울 수 있는 체험 공간이 있습니다.

한국금융사박물관은 우리나라 금융이 발전해 온 과정을 널리 알리고 금융에 대한 올바른 생각을 키우기 위해 세워졌습니다. 이곳은 한국 금융의 흐름을 볼 수 있는 한국금융사실, 신한은행의 지나온 발자취를 살펴볼 수 있는 신한은행사실, 다양한 화폐가 전시되어 있는 화폐전시실로 이루어져 있어요.

한국금융사박물관에 전시된 증권, 화폐, 사진, 문서 등 4,000여 점의 유물을 통해 우리나라 금융 100년의 역사를 한눈에 들여다볼 수 있고, 우리나라의 옛 화폐와 외국 화폐를 살펴볼 수 있습니다. 또한, 어린이를 위한 교육 프로그램이 정기적으로 운영되고 있어 다양한 체험과 실습을 통한 금융 경제 교육을 받을 수도 있어요.

우리나라의 고대부터 현재에 이르기까지의 화폐가 전시되어 있는 화폐전시실

매달 초등학생을 대상으로 하는 한국금융사박물관의 교육 프로그램은 한국금융사박물관 홈페이지에 가서 확인할 수 있으니 방문 전에 알아 두면 좋겠죠?

한국금융사박물관 관람 안내

＊ **개관 시간:** 10:00 ～ 18:00

＊ **주소:** 서울특별시 세종대로9길 20(태평로2가)

워런 버핏

1930년		미국 네브래스카주 오마하에서 태어났습니다.
1936년	6세	콜라를 파는 사업을 시작했습니다.
1938년	8세	주식에 관심을 두고 공부하기 시작합니다.
1941년	11세	처음으로 주식 투자를 하여 주당 3달러의 이익을 남깁니다.
1944년	14세	신문 배달로 벌어들인 수입으로 세금을 내기 시작했습니다.
1947년	17세	와튼 스쿨에 입학합니다.
1949년	19세	네브래스카 대학으로 편입합니다.
1950년	20세	하버드 경영 대학원 진학에 실패하고 컬럼비아 경영 대학원에 진학하여 어릴 적부터 존경하는 벤저민 그레이엄의 제자가 되었습니다.
1951년	21세	컬럼비아 경영 대학원을 졸업하고 본격적인 투자를 시작합니다. 네브래스카 대학에서 자신보다 나이가 많은 학생들을 가르칩니다.
1956년	26세	오마하에서 가족과 친구 7명을 모아 '버핏 투자 조합'을 만듭니다.

1962년	32세	버핏 투자 조합의 자산이 불어나 720만 달러가 되었는데 그중 102만 달러가 워런의 몫이 되어 백만장자가 됩니다.
1965년	35세	버크셔 해서웨이의 주식을 주당 19달러에 사서 경영권을 얻습니다.
1969년	39세	버핏 투자 조합을 해체합니다.
1973년	43세	〈워싱턴포스트〉 신문의 주식을 사들여 경영권을 얻습니다.
1988년	58세	코카콜라의 주식을 사들여 7퍼센트의 지분을 갖게 되었습니다. 미국 상원 의원으로 선출됩니다. 이로써 미국 역사상 다섯 번째로 상원 의원을 지낸 아프리카계 미국인이 되었습니다.
2006년	76세	재산 520억 달러 중 370억 달러를 자선 단체에 기부하겠다고 밝힙니다.
2008년	78세	총 재산 620억 달러로 경제지 〈포브스〉가 선정한 세계 최고의 부자가 됩니다.
～	현재	주식 투자, 자선 사업 참여, 취미 생활 등으로 노년을 보내고 있으며 자신의 투자 사업을 계승할 후계자를 찾고 있습니다.

해서웨이-네브래스카 퍼니
투자 조약 체결식

찾아 보기